Mosaik

Texte und Illustrationen von
Renate Tautenhahn

Bibelkuchen und Nonnenküßchen

Kulinarische Klosterküche

Kochen für Körper, Geist und Seele
Klösterliche Eßkultur und Rezepte

Mosaik Verlag

· Der Mosaik Verlag ist ein Unternehmen
der Verlagsgruppe Bertelsmann

Redaktion: Heike Pressler, München
Umschlaggestaltung: Pauline Schimmelpenninck, München
Satz: Filmsatz Schröter GmbH, München
Reproduktionen: Arti Litho, Trento
Druck und Bindung: G. Canale & C. S.p.A., Turin
Printed in Italy
ISBN 3-576-10603-0

Inhalt

Glühend heiß war der Samstag im Sommer 1994, an dem ich gemeinsam mit einer Bekannten das Kloster Maulbronn besuchte. Außer uns und der Frau, die die Eintrittskarten verkaufte, war weit und breit niemand zu sehen. Wir waren offensichtlich die einzigen, die Appetit aufs Mittelalter hatten. Aber die drückende Schwüle erwies sich nicht nur der Neugier sondern auch dem Enthusiasmus als abträglich. So schlichen wir ziemlich lustlos und ohne große Begeisterung durch die Örtlichkeiten einstiger Frömmigkeit. Eingelullt von der Hitze glaubte ich nach geraumer Zeit des Herumwanderns im alten Kreuzgang, eine winzige Bewegung zu erkennen. Im Innenhof hielt die Zeit den Atem an und spulte zurück. Was sind schon so ein paar Jahrhunderte? Einer Fata Morgana in der Wüste gleich sah ich überall kleine Mönche und Nonnen beim Beten und bei der Arbeit getreu der alten Regel »Ora et labora«. Auch vermeinte ich leise Musik zu hören, und fast schien es mir, als blinzelte eine dieser kleinen Klostergestalten mir zu. Am Ende war's gar der Abt! Und ich bildete mir ein, eine gehörige Prise an Düften wahrzunehmen, Düfte, wie sie von einem Klostergarten herüberwehen; Düfte von

Bruder Beatus, die Glocke mächtig läutend.
Ihr Ton ist der Pulsschlag des Klosters und schwingt das ganze Jahr hindurch.

Bruder Andreas ist kein Kostverächter und fühlt sich zu allen geistigen Genüssen hingezogen.

Ysop, Salbei und Minze. Daneben bahnten sich Aromen aus der Klosterküche einen Weg zu meiner Nase.

In der von der Glut der Sommerhitze angeheizten Phantasie sah ich nicht etwa wäßrige, die Askese ungemein begünstigende Fastensüppchen, nein, es waren gar köstliche Schlemmereien. Wohin ich im Traum mein Auge wandte, bemerkte ich, daß trotz angeblich einseitiger Nahrung im Kloster alle prächtig gediehen. Mit einem Mal erinnerte ich mich der Rezeptsammlung einer sächsischen Großtante, in der sogar Nonnenküßchen vorkamen. Es dauerte eine Weile, bis die Traumbilder in Maulbronn verschwanden. Zurückgekehrt in die nüchterne Realität des 20. Jahrhunderts, begann ich an meinem kleinen Traum Gefallen zu finden. Wieder daheim, fing ich an, ihn zu malen.

Natürlich sah ich alles ein wenig durch die rosarote Brille. Beim Malen jedoch, das durchaus auch was mit Meditation zu tun hat, ging mir auf, daß Klosterleben, Beten, Arbeiten, Essen und Trinken im Rhythmus mit der Natur, mit den Jahreszeiten schwingen bedeutet und daß jedes von ihnen gleichzeitig alles andere beinhaltet. Und ich entdeckte, daß selbst im Kloster, obwohl heftigst bestritten,

Sinnlichkeit zu finden ist. Wo? Im Geschmack eines von der Sonne gereiften Apfels – ungespritzt, versteht sich –, im Schmelz eines Quarkauflaufs oder in der Flockigkeit eines Omeletts. Ganz zu schweigen vom süffigen Wein, dem sämtliche Klosterinsassen die Jahrhunderte hindurch hemmungslos frönten, wobei man einem Likörchen auch nicht gerade die kalte Schulter zeigte. Waren doch Liköre wie Chartreuse und Benedictine klösterliche »geistige« Erfindungen. Zur Sinnlichkeit im Kloster gehören die ledergebundenen, handgeschriebenen alten Bücher in der Klosterbibliothek ebenso wie die Buchmalereien und die Musik. Ja, fast hätte ich's vergessen: Sogar der Champagner soll im Kloster das Licht der Welt erblickt haben. Wieder eine dieser genialen Eingebungen! Wohl eher ein Geschenk des Himmels.

Renate Tautenhahn Im September 1996

Von Pudding mit Brombeersauce kann Bruder Arno nie genug kriegen. Bald sind wieder Fastentage.

Frühling

Frühling läßt sein blaues Band
wieder flattern durch die Lüfte
süße, wohlbekannte Düfte
streifen ahnungsvoll das Land …

(Eduard Mörike)

Abt Wunnibald gebraucht das Bad.
Ostern steht vor der Tür und nicht nur
der Geist bedarf der Reinigung.

Frühling – das bedeutet Erwachen. Es ist als hätte ein Wecker geklingelt. Aufbruchstimmung in der Natur und auch im Kloster. Raus aus dem wollenen Skapulier, rein in die Leinenkutte. Die Scholle will beackert sein. Der Klostergarten ebenso. Walahfrid Strabo, seines Zeichens Abt auf der Reichenau im 9. Jahrhundert, war nicht nur der Frömmigkeit verfallen, ihm hatte es die Poesie genauso angetan. Deshalb schrieb er ein phantastisches Gedicht über Pflanzen, zumeist Heilpflanzen, worin er ihre Schönheit, ihren Wuchs und, wenn eßbar, ihre geschmacklichen Qualitäten mit wohlklingenden Worten preist. Walahfrid wußte anscheinend, wovon er sprach. Offensichtlich hatte er, einem Abt ganz unähnlich, schon selbst den Spaten geschwungen und Mist gehäufelt. Über die schweißtreibende Tätigkeit im frühlingshaften Klostergärtlein läßt er sich so vernehmen: »... Frühling, du Anfang des kreisenden Jahres und Schmuck seines Laufes! Wenn dann reinere Lüfte die heiteren Tage eröffnen, Kräuter und Blumen, vom Zephyr geweckt, ihre schüchternen Triebe aus den Wurzeln senden zum Licht ...«, um dann kurz darauf weitaus weniger erfreut festzustellen: »... allerwärts wird dann die Erde mit krummer Hacke zerkleinert,

Bruder Ambrosius wässert die Kräuter.
Klostergärten waren Orte der Ruhe und Kraft.
Sie schenkten einem unruhigen Herzen Frieden.

Nährstoff des kräftigen Mistes darauf gestreut in den Boden ...«! Woraus man ersehen kann, daß selbst im Kloster Freude und Leid ziemlich eng beieinander wurzeln. Nun, wir werden später noch auf Walafrid zurückkommen.

Die Mönche und Nonnen, die von jeher als große Gärtner vor dem Herrn erschienen, pflanzten Kräuter – von Eberraute bis Wermut – nicht allein des kulinarischen oder medizinischen Nutzens wegen; manchmal ließen sie sich vom symbolischen Sinn der Tugenden derselben leiten. Der heilige Thomas von Aquin, einer der Bestseller-Autoren des Mittelalters, soll denn keineswegs mit seiner Meinung über die Kräfte gewisser Kräuter hinter dem Berg gehalten haben. »Wie kann sterben ein Mensch, dem Salbei blühet im Garten?« fragte sich verwundert ein Chronist ein paar hundert Jährchen früher. Demnach müßten Klosterfriedhöfe eigentlich nicht existieren. Wahr ist immerhin, daß klerikale Individuen sehr alt wurden, wenn nicht steinalt. Schon allein diese Tatsache läßt darauf schließen, daß die Askese nicht gerade auf die Spitze getrieben wurde. Die ausgezehrte Gestalt, die sich damit begnügte, den Geist mit süßen Psalmen zu sättigen, dürfte reichlich selten gewesen sein.

Schwester Ottilia schaut nach der Petersilie. Im Frühling schießen schon allerlei aromatische Gewürz- und Heilkräuter aus dem saftigen Boden.

Natürlich verlangte die Regel des Heiligen Benedikt, daß ordentlich und streng gefastet werden sollte, und ließ keinen Zweifel darüber aufkommen, daß Eßgier eine den paradiesischen Zielvorstellungen zuwiderlaufende Sünde sei. Bernhard von Clairvaux – schon wieder ein Abt – und Zisterzienser, lebte zur gleichen Zeit wie Eleonora von Aquitanien nämlich im 12. Jahrhundert in Frankreich. Er war, was Fasten und Askese angeht, ein geborener Hungerkünstler. Bernhard wetterte in seinen Pamphleten gegen Völlerei und üppigen Lebensstil. Man kann guten Gewissens behaupten, daß seine verzweifelten Rufe absichtlich nicht gehört wurden. Je nach Orden oder Jahrhundert war ein starkes Gefälle zu verzeichnen. Während den Kartäusern – und das bis heute – eine gewisse Neigung zur Kargheit zugute gehalten werden muß, haben sich beispielsweise die Cluniazenser nicht sonderlich um armselige Speisen bemüht. Sie entschuldigten sich mit dem angeblich kräftezehrenden Chorgesang, dem Psalmensingen, welches ihrer Meinung nach eine Erleichterung der Fastenregeln rechtfertigte. Nur als rhetorisches Getändel ist es zu werten, wenn in den benediktinischen Vorschriften unter anderem auf Pünktlichkeit beim Essen großer Wert gelegt wird.

Wer zweimal zu spät kam, mußte des Essens sich enthalten. Von derartigen Verspätungen ist verständlicherweise in der einschlägigen Literatur nichts zu finden.

Die frühlingshafte Jahreszeit insbesondere stand etwaigen willensstarken Absichten hinsichtlich der Kasteiung des Leibes enorm im Wege. Man denke nur an die ersten frischen Kräuter, gefolgt von jungem zartem Gemüse, auf das sich gar bald Erdbeeren und Kirschen anschließen. Solche Köstlichkeiten ließen dem Frömmsten das Wasser im Mund zusammenlaufen, falls er nicht gerade Wein trank. Nonnen und Mönchen wurde, sofern eine weitläufige Abtei ihr Zuhause war, nur leichte Garten- und Feldarbeit zugemutet, die sie neben den Andachten und dem Singen zu verrichten hatten. Schwereres übernahmen die Laienbrüder oder die Bauern, letztere nicht gerade freiwillig. Gern wurde es von den Ordensoberen gesehen, wenn sich ob ihres Alters hinfällig gewordene Mönche noch etwas im Garten nützlich machten. So geschehen während des Frühjahrs im mittelalterlichen Kloster zu St. Gallen, wo man die Bejahrten beim Vertilgen von alten Brennnesseln respektive beim Jäten von Unkraut antraf. Ganz anders und weit weniger erbaulich sah die

Erdbeerkaltschale

$^1/_2$ kg Erdbeeren, $^1/_2$ Liter Wasser, $^1/_2$ Liter Wein, 200 g Zucker, 50 g Biskuits, 1 Eßlöffel Milch

Die Hälfte der Erdbeeren durch ein Sieb pressen und mit Zucker, Wein und Wasser vermischen. Die andere Hälfte mit Biskuitstücken in eine Glasschale schichten, die durchgepreßten Erdbeeren darübergeben, mit Milch übergießen und kalt stellen.

Anstatt Erdbeeren können auch Himbeeren, Johannisbeeren oder Brombeeren verwendet werden. (Für 4 Portionen)

Himbeer- und Erdbeerlikör

1 kg Beeren, $1^3/_4$ Liter Weingeist, 400 g Zucker, $^1/_2$ Liter Wasser

Die zerdrückten Beeren mit dem Weingeist 14 Tage an die Sonne stellen, danach mit dem in Wasser geklärten Zucker vermischen, in Flaschen füllen und gut verkorken.

Erdbeersoße

$^1/_2$ kg Erdbeeren, 80 g Zucker, $^1/_4$ Liter Rotwein und $^1/_4$ Liter Weißwein

Reife Erdbeeren durch ein Sieb streichen, mit Zucker schaumig rühren und nach und nach den Wein dazugeben.

Schwester Magdalena prüft die Erdbeeren.
Beerenfrüchte sind zu Omeletts eine
wunderbare Ergänzung.

*Bruder Odilo als Imker bei den emsigen Bienen.
Deren Honig fand sich in süßen Schleckereien ebenso
wieder wie im Kerzenwachs.*

Honiglaibchen

140 g Zucker, 2 Eier, 300 g Mehl, 1 Eßlöffel zerlassener Honig, etwas Zimt und Nelken oder Zitronenöl, 5 g Backpulver

Eier und Zucker schaumig rühren, die übrigen Zutaten daruntermengen, auf ein bestrichenes Blech kleine Laibchen setzen und bei mäßiger Hitze backen. Nach Belieben vor dem Backen in Zucker wenden.

Met

1 kg Honig, 1/2 Liter Wasser, 1 Handvoll Hopfen, 1 Messerspitze Zimt und Nelken

Honig mit Wasser zum Kochen bringen, mit dem Hopfen 20 Minuten kochen, über Nacht stehenlassen und einen Tag an die Wärme geben. Das Getränk würzen und durch ein Tuch filtrieren.

Honigbällchen

Ein leichter Hefeteig, Backfett, Honig

Von einem leichten Hefeteig mit einem Kaffeelöffel kleine Häufchen in das heiße Fett geben, goldgelb backen, in einer Porzellan- oder Glasschüssel mit flüssigem Honig übergießen und warm servieren.

Sache im Zwergkloster mit einer Handvoll Mönche oder Nonnen aus. Hier mußte jeder alles machen. Der Abt ausgenommen. Doch halt, Abt Walahfrid, von dem wir bereits hörten, war einer, der ausscherte. Könnte er doch sonst nie und nimmer in seinem feinsinnigen Gedicht behaupten: »... Ungesäumt greife ich an mit dem Karst, dem Zahn des Saturnus ruhende Schollen, breche das leblos starrende Erdreich auf und zerreiße die Schlingen der regellos wuchernden Nesseln ...!«

Nichtsdestotrotz, den Pflanzen gehörte seine ganze Liebe. An den Maulwürfen läßt er kein gutes Haar, und selbst die Regenwürmer schneiden bei ihm schlecht ab. Hingegen genießt die Biene in klösterlichen Kreisen einen ganz ausgezeichneten Ruf. Das ist nicht weiter verwunderlich, da man ihren Honig als Süßstoff gebrauchte. Bernsteinfarbener süßer Honig für leckeres Honiggebäck – schlich sich dabei nicht schon wieder das Laster der Üppigkeit ein? Mönche waren begeisterte Imker, und die wunderbar blühenden und duftenden Kräuter im Frühling boten den Bienen reichlich Nahrung. In den Klöstern verstand man auch was von Fischzucht. Sieht man ein Kloster, ist der Fischteich nicht weit. Forellen und Schleien gehörten zu den beileibe nicht

Schwester Maria im unheiligen Kampf mit den Blattläusen. Die klugen Nonnen pflanzten dagegen Knoblauch zwischen Kräuter und Rosen.

raren Leckerbissen auf dem Klostertisch. Doch so richtige Freude konnte nicht mal beim Fischessen aufkommen. Überall lauerten solche Verbote wie »Beuge dich nicht wie ein hungriger Hund über die Speise« oder »Zur Erquickung der Seele bedarf es keiner Gefräßigkeit«. Das hatten die Fische nicht verdient. Fischnahrung war in Zeiten des Fastens und an Freitagen auf dem klösterlichen Speisezettel das Gebot der Stunde. Die heilige Hildegard von Bingen, Benediktinerin und in der Mystik nicht unerfahren, schrieb ein originelles Buch über Fische, das siebenunddreißig Kapitel enthielt. Beliebt über alle Maßen waren im Kloster Eierspeisen. Aus Eiern konnten wunderbare Gerichte komponiert werden. Im Duett mit Gemüsen oder Käse lag das von einer Fastenspeise, unter der man sich enthülste Bohnen oder Gerstenbrei vorstellen muß, Äonen entfernt.

Klöster waren autark. Mit dem erwirtschafteten Überschuß an Nahrungsmitteln konnte ein schwunghafter Handel stattfinden. Lediglich in harten Kriegszeiten oder wenn es die Ernte verhagelt hatte, herrschte auch hinter Klostermauern in großer Bitternis Schmalhans Küchenmeister. Das waren die wahren Fastenzeiten. Leider sogar an der Tafel des Abtes, der tagtäglich allerhöchste Herrschaften zu

Ein gewiefter Meister im Angeln ist Bruder Damian. Ein Kloster ohne Fischteich, das war wie ein Dorf ohne Kirche.

Zander »grün«

1 Zander (1–1 1/2 kg), Salz, Pfeffer,
1/2 Liter trockener Weißwein, 2 Eßlöffel Weinessig,
1 Zwiebel, gewürfelt, 10 Pfefferkörner,
1/2 Teelöffel Salz, 1/4 Liter Wasser.
Für die Soße: 40 g Butter, 2 Eßlöffel Dinkelmehl,
1/2 Bund Kerbel, 1/2 Bund Petersilie,
1 Bund Pimpinelle, 2 Bund Dill, 100 g süße Sahne,
2 Eigelb

Den Zander schuppen, waschen, salzen und pfeffern. Den Sud aus Weißwein, Essig, Zwiebeln, Pfefferkörnern und Wasser mindestens 15 Minuten gut durchkochen. Den Zander hineinlegen und rund 20 Minuten ziehen lassen. Herausnehmen, Flossen entfernen und den Fisch häuten, bei etwa 100 Grad im Ofen warm stellen und fertiggaren. Den Sud durch ein Sieb gießen und etwa einen Viertelliter davon an die Mehlschwitze von Dinkelmehl und Butter gießen, verrühren und leicht köcheln lassen.

Die kleingehackten Kräuter, die Sahne und beide Eigelb dazugeben, verquirlen, mit Pfeffer und Salz abschmecken und nochmals unter ständigem Rühren aufkochen lassen. Den Zander auf einer vorgewärmten Platte mit der Kräutersoße übergießen und servieren. (Für 4 Portionen)

Bruder Iwein balanciert den Fisch zum gedeckten Tisch. Manchmal gab es auch Krebse, wenn der Abt hochmögende Gäste hatte.

Gast hatte, denen er, das versteht der Asketischste, nun nicht gerade Buchweizenbrei vorsetzen lassen konnte. Schon im ureigensten Interesse des Klosters nicht. Könige und fürstliche Zelebritäten gewährten huldvollst Schenkungen. Das läpperte sich mit den Jahren. Aussteiger aus dem Rittertum waren auch nicht zu verachten. Aus welchen Gründen auch immer – manchmal wird in der Literatur die schmachvolle Verderbtheit ihrer bisherigen Existenz und reuevolle Bekümmertheit erwähnt – sie stiegen vom Pferd, stellten die Rüstung in die Ecke und klopften an die Klosterpforte. Dort wurden sie freudig empfangen, erhielten demütige Gewänder und die Klosterordnung. Im Gegenzug bekam das Kloster ihre weltlichen Besitztümer, auf daß die bußfertigen Krieger vom irdischen Dunkel befreit aufatmen konnten. Freilich waren die Ritter a. D. vom Gartenbau, von der Viehzucht, Feldbestellung, Obstveredlung, Gewürzgewinnung oder Fruchtveredlung befreit. Hingegen hatten die Laienbrüder und -schwestern als absolute Profis in diesen Dingen um so mehr um die Ohren. Obwohl die Klöster auf Wirtschaftlichkeit und Ertrag durchaus erpicht waren, erfährt man aus den Schriften eines gewissen Albertus Magnus, Dominikaner und Allroundgenie – angeblich soll er das gesamte Wissen seiner Zeit »drauf« gehabt haben –, daß man sich auch den Luxus einfacher Rasenflächen leistete. Feines, langes Gras wurde als ästhetisch betrachtet und diente der Meditation. Gras zu säen, wie heute im Frühjahr, war unbekannt. Statt dessen wurden mühsam Grasstücke wie ein Fleckenteppich zusammengesetzt.

Ähnlich wie Walahfrid erging sich Bernardus Silvestris, einer der bedeutendsten Gelehrten an der Schule von Chartres im 12. Jahrhundert, in poetischen Worten über den Garten im Frühling als Schatztruhe der Natur: »Auf den Quellwiesen blühen Narzissen, am Hag der Liguster, Rose den Garten uns schmückt, Lilie verzieret das Tal. Mit der Wegwarte zusammen erhebt sich schlafbringend der Lattich, liegend verbleibt Portulak, fest die Endivie am Grund. Zwiebeln mit Schalen erfüllt, von strengem Geschmack ist der Knoblauch, und was durch mancherlei Grün sonst an Gemüsen uns freut.« Daß sich alles Wachstum in Zyklen vollzieht, im Kosmos der Lauf der Gestirne, der Tageslauf, die Jahreszeiten – das wußte man nirgends so gut wie im Kloster. Alles war darauf abgestimmt: der Schlaf und die Arbeit, das Gebet und der Chorgesang und auch das Essen.

Schwester Mathilde nähert sich Berta,
der Klosterkuh. Das Kloster war Selbstversorger.
Man hatte alles, was man brauchte.

Milchnudeln

350 g Mehl, 2 Eier, 4 Eßlöffel Milch, Salz; 1 Liter Milch, 40 g Butter, 2 Eßlöffel Zucker, 1 Prise Salz, Zimt

Aus Mehl, Eiern, Milch und Salz schmale Nudeln herstellen, diese mit Butter, Zucker und Salz in die kochende Milch geben und unter öfterem Umrühren langsam garkochen. Nach Belieben mit Zucker und Zimt bestreut zu Tisch geben. (Für 4 Portionen)

Nudelspeise

250 g feine Suppennudeln, 3 Eier, 1/4 Liter Milch oder Rahm, 30 g Stärkemehl, 1 Päckchen Vanillezucker

Die Nudeln in Salzwasser abkochen, kalt schwenken und gut abtropfen. Eine Bratenraine gut ausfetten und die Nudeln hineingeben. Das Stärkemehl mit Milch verrühren, die verquirlten Eier mit Vanillezucker dazugeben, die Nudeln damit übergießen und 45 Minuten im Rohr backen, in Portionen teilen und mit Zucker bestreut zu Tisch geben. (Für 4 Portionen)

Omelett mit Spinat

1 kg Spinat, 1 Zwiebel, 50 g Butter,
1/8 Liter Bouillon, Salz, Pfeffer;
Für die Omeletts: 4 Eier, 1 Prise Salz,
2 Eßlöffel Milch, 2 Eßlöffel Butter,
100 g süße Sahne

Spinat und Zwiebeln waschen und fein hacken. In der heißen Butter dünsten und mit Bouillon aufgießen. Mit Salz und Pfeffer abschmecken und erkalten lassen.

Einen Omeletteig aus Eiern, Salz und Milch herstellen. Kleine Omeletts in heißer Butter braten, mit dem Spinat bestreichen und aufrollen. Die Röllchen mit Sahne übergießen und warm stellen. Eventuell kurz überbacken. (Für 4 Portionen)

Eierkuchen mit Schinken

150 g Mehl, 1/4 Liter Milch, 3 Eier,
Salz, feingeschnittener Schnittlauch,
100 g gewiegter Schinken; Fett

Mehl mit Milch glattrühren, die verquirlten Eier, Salz, Schnittlauch und Schinken dazugeben. Fett in der Stielpfanne erwärmen, den Teig dünn eingießen und dann zum Aufziehen in das Backrohr geben, zusammenschlagen und mit Krautsalat servieren. (Für 4 Portionen)

Schwester Stefania will Omelett machen.
Mit jungem Gemüse und frischen Frühlingskräutern
entzückt es den Gaumen.

Schaumomeletten

150 g Mehl, 4 Eier, 1/5 Liter süßer Rahm oder Milch,
Salz, etwas Zucker, Zitronensaft; Fett, Marmelade

Das Mehl mit dem Rahm abrühren, Eigelb, Zucker, Salz, Zitronensaft dazugeben. In einer Omelettenpfanne Fett erwärmen, so viel Teig hineingießen, daß der Boden bedeckt ist, dann in das Rohr zum Aufziehen geben, wenden, mit Marmelade bestreichen, den gezuckerten steifen Eischnee daraufgeben, nochmals im Rohr kurz überbacken, halb zusammenschlagen und rasch auftragen. (Für 4 Portionen)

Omelette soufflé

2 Eier, 2 Eßlöffel Zucker, 1 Eßlöffel Mehl, etwas
geriebene Zitronenschale, 1 Prise Salz

Eigelb und Zucker 15 Minuten schaumig rühren, das gesiebte Mehl mit den Gewürzen dazugeben, zuletzt den Eischnee unterheben. In einer Pfanne Butter zergehen lassen, den Teig hineingeben, auf dem Herd kurz anbacken und dann zugedeckt im Rohr fertigbacken. Sogleich auftragen, sonst fällt die Omelette zusammen. (Für 1 Portion)

Bruder Odilo liebt Eierkuchen. Eierspeisen waren im Kloster en vogue. Ob salzig oder süß spielte dabei keine Rolle.

Sommer

Geh' aus mein Herz
und suche Freud'
in dieser lieben Sommerszeit
an deines Gottes Gaben;
schau an der schönen Gärten Zier
und siehe wie sie
mir und dir sich
ausgeschmücket haben.

(Paul Gerhardt)

Bruder Odilo und Bruder Regisbert loben den Herrn. Chorgesang begleitete den Tag. Im Kloster Cluny wurden die Säulenkapitelle mit Symbolen für Töne verziert.

Sommerzeit – Erntezeit. Im Kloster krempelt man die Ärmel auf. Es scheint, als würde die Natur allen ein Schnippchen schlagen, denn es reift fast alles zur gleichen Zeit. Den Laienbrüdern wuchs die Arbeit schier über den Kopf. Jetzt wurden selbst die ewig singenden Mönche und Nonnen ins Lattichbeet oder zu den Johannisbeersträuchern abkommandiert. Dafür kamen in diesen schweißtreibenden Erntetagen zwei Mahlzeiten auf den Tisch des Klosters. Gemüse und Obst gab es reichlich und, um es noch schmackhafter zu machen, auch die entsprechenden Gewürzkräuter. Angereichert wurde das ganze durch Milch, Käse oder Fisch. Fleisch war für Mönche und Nonnen tabu, es sei denn, sie befanden sich im Krankenstand. Teilweise sanken Mönche auf den Strohsack und simulierten einen Anfall von Entkräftung, um einer Fleischspeise teilhaftig zu werden. Man ließ sich da allerlei einfallen, denn lieber gab man dem Übermut des Fleisches als dem Geiste nach. Ab und zu gab es Geflügel, das war von Jahrhundert, Orden und Kloster abhängig und umstritten. Was in allen Klöstern üppig den Tisch zierte, waren Hülsenfrüchte, Rüben und Zwiebeln. Außer Gartengewürzen war noch Pfeffer erlaubt.

Schwester Lukretia findet ein Kaninchen.
Keine Angst, dieses hier landet nicht im Kochtopf.
Im Kloster aß man meist vegetarisch.

Lammkeule im Kräutermantel

1 Lammkeule (ca. $2-2\frac{1}{2}$ kg), 2 Knoblauchzehen, 1 Eßlöffel Salz, 1 Bund Petersilie, gehackt, 1 Stengel Thymian, 10–15 Rosmarinnadeln, gehackt, 2–3 Eßlöffel Öl, 1 Bund Suppengemüse, kleingehackt, $\frac{1}{4}$ Liter Weißwein, 1 Eßlöffel Dinkelmehl

Sorgfältig die Lammkeule von ihren überflüssigen Fettteilen und Häuten befreien. Die Knoblauchzehen fein hacken und mit etwas Salz auf einem Brettchen zerdrücken. Den Knoblauch und die Kräuter mit etwas Öl verrühren und eine streichfähige Marinade herstellen. Die Lammkeule mit der Hälfte der Marinade bestreichen, etwas einmassieren und 1 bis 2 Stunden ziehen lassen. Dann die übrige Marinade aufstreichen.

Die Keule in einem Bräter von allen Seiten gut anbraten, das Suppengemüse dazugeben und mit der Hälfte des Weißweins und etwas Wasser ablöschen. Nach etwa 1 bis $1\frac{1}{2}$ Stunden den Fond mit dem restlichen Weißwein abschmecken und mit einem Eßlöffel Dinkelmehl binden.

Bruder Godehard hütet die Schafe. Sie lieferten die Wolle für die Kleidung im strengen Winter.

Wer die verschiedenen Berichte über die Ernährungsweise in Klöstern nachliest, kommt zu dem erfreulichen Ergebnis, daß bereits vor tausend Jahren nach den heutigen modernsten Erkenntnissen der Wissenschaft gespeist wurde. Die zwar widerwillig, aber doch eingelegten – und eingehaltenen – Fastentage müssen das leibliche Wohlbefinden, wenn auch unwissentlich, beträchtlich gesteigert haben. Um in diesen Genuß zu kommen, geben beispielsweise Manager unserer Tage, die schon durch ihre äußere stromlinienförmige körperliche Erscheinung Power und Dynamik vermitteln möchten, ungeheure Summen an Geld aus. Das bekamen die frommen Brüder des Mittelalters quasi gratis. Auch auf dem Gebiet des Gesundheitswesens waren die Klöster Vorbild. Auf Hygiene und Sauberkeit wurde allergrößter Wert gelegt. Medizin außerhalb der Klostermauern fand im Mittelalter praktisch nirgendwo statt.

Die Intellektuellen des Mittelalters saßen im Kloster. Hier allein fühlten sich Wissen und Bildung heimisch, nicht zuletzt aufgrund der umfangreichen Bibliotheken und Schreibstuben. Daß ein Kloster ohne Bibliothek wie eine Burg ohne Waffenkammer sei, ist ein uralter Spruch. Der Umgang mit der Schrift und dem Buch galt als Askese. Fromme

Abt Wunnibald und Bruder Odilo freuen sich über den Gewitterregen. Wenn der Himmel seine Schleusen öffnete, war für alle Gewächse gut gesorgt.

Schwester Kamilla bei der Kamille. Heilkräuter waren das A und O für die medizinische Versorgung. Der Krankensaal hatte direkten Zugang zum Klostergarten.

Bücher für das Gebet standen neben heidnischen, römischen und griechischen Schriften, botanische wie medizinisch-pharmazeutische Bücher füllten die Regale. Oft war der Abt Mediziner, Astronom und Künstler in einem. Von Theologie verstand er sowieso was. Man dachte ganzheitlich. Ein Begriff, zu dem man sich heute, wenn auch unter großen Qualen, wieder bekennt.

Die Reihe der Heilkräuter, die gepflanzt wurden und die im Sommer zu Extrakten, Tees, Tinkturen und vielem mehr verarbeitet werden mußten, um im Winter noch vorrätig zu sein, war umfangreich. Erfahrungen und Überlieferungen durch die Jahrhunderte flossen in diese Essenzen und Tropfen mit ein. Da hält sich das Erstaunen in Grenzen, wenn beim Experimentieren als überaus erfreuliches Nebenprodukt ein Kräuterlikör zum Vorschein kam. Obwohl, Zufall kann es beim Chartreuse wohl kaum gewesen sein, wenn es heißt, daß 120 verschiedene Pflanzen bei seiner Herstellung gebraucht werden. Das haben sie wohl darauf angelegt, unsere hochmögenden frommen Brüder der Kräuterkunst! Dagegen nimmt sich Melissengeist mehr als bescheiden aus, dem Vernehmen nach soll er sich aus dem Regensburger Karmeliterkloster »verflüchtigt« haben.

Sauerampfersuppe

2 Handvoll Sauerampfer, 1 Zwiebel, feingehackt,
2 Eßlöffel Butter, 100 g Dinkelmehl,
$1\frac{1}{2}$ Liter Fleischbrühe, 1 Messerspitze Muskat, Salz,
Pfeffer, 125 g Sahne, 1 Eigelb

Die frischen Sauerampferblättchen kleinhacken und zusammen mit der gehackten Zwiebel in Butter goldgelb andünsten. Langsam das Dinkelmehl dazurühren und zu einer goldgelben Schwitze verarbeiten. Nach und nach Fleischbrühe angießen und etwa 15 Minuten bei geringer Hitze köcheln lassen.

Kurz vor dem Servieren mit etwas Muskat, Salz und Pfeffer abschmecken und das mit Sahne verquirlte Eigelb unterziehen. (Für 5 Portionen)

Salbeiküchlein

10 g Schmalz, 3 Eßlöffel Mehl, Salz,
2–3 Eßlöffel Wasser, 3 Eiweiß, 2 Eier,
ca. 10 getrocknete Salbeiblätter,
Schmalz zum Ausbacken

Schmalz erhitzen und mit Mehl eine helle Mehlschwitze zubereiten. In einer tiefen Schüssel mit Salz und Wasser zu einem dicken Teig verrühren. Abwechselnd Eiweiß und Eier unterschlagen. Die Salbeiblätter in den Teig tunken, abtropfen lassen und in sehr heißem Schmalz ausbacken. (Für 2 Portionen)

Schwester Hildegard und Schwester Irmhild im Lavendelgarten. Schon vor unseren Großmüttern wußten die Nonnen, daß Lavendel viele gute Eigenschaften hat.

Doch was ist davon zu halten, daß im Kloster, wo heilige Einfalt und Abkehr von jeglicher Hoffart das erstrebenswerte Ziel waren, Eau de Toilette – ein die sinnlichen Lüste erzeugendes Wässerchen – seine Geburtsstunde hatte? Natürlich muß es in diesen Kammern, in denen im hohen Sommer die Kräuter wie Lavendel, Rosmarin, Melisse, Thymian, aber auch Rosen und Nelken zur Verarbeitung bereit lagen, überirdisch geduftet haben. Da konnten Naturen, die noch nicht genügend gefestigt waren, schon ins Wanken geraten. Doch, zu unser aller Glück, möchte man ausrufen! Likörchen und Parfum, zwei himmlische Geschenke! Geschenke, bei deren Gebrauch man schwach wird. Welch unerhörter Gegensatz zu strenger Ordenszucht und Abkehr von weltlicher Sinnenfreude! Von Champagner und Bier als weiteren klösterlichen Erfindungen werden wir später noch hören. Die göttliche Milde hatte viele Facetten.

Brot war im Kloster heilig. Wenn im Hochsommer das Korn auf den Feldern im Winde wogte und die Ähren voll und schwer herangereift waren, rückte auch hier die Ernte heran. Hatte man die erst einmal hinter sich gebracht, so war alles weitere wie das Mahlen der Körner und Kneten von Teig gar

Schwester Ermelinde wässert ihre Lieblingsrose.
Rosen und Lilien gehörten zum Kräutergarten,
der so zum irdischen Paradies wurde.

Schwester Frieda ist schwer beladen.
Dafür gab es im Sommer auch zwei Mahlzeiten,
um sich bei Kräften zu halten.

nicht so umständlich, denn Mühle und Backhaus gehörten zu einem ordentlichen Kloster, das was auf sich hielt, allemal. Es sei gleich vorweggenommen: Da waren der Brotsorten gar viele. Von Eintönigkeit keine Spur. Wecken und Kuchen und Brezel und Vollkornbrot. Apropos Brezel: Es heißt, daß ihre Form einen Mönch mit demutsvoll gekreuzten Armen darstellt. Hübsch, nicht wahr? Hafer, Roggen, Weizen, Dinkel – das war so die Palette der Getreidesorten, aus der die Teige geknetet und die Breichen gerührt wurden. Zwar gehörte Haferbrei zu den niederen Weihen klösterlicher Kochkunst, war jedoch eine tragende Säule des alltäglichen Frühstücks. Mit Nüssen, Rosinen und einem Klacks Honig aufgepeppt, kommt uns das ganze doch sehr bekannt vor. Müsli – unter diesem Namen kennen es heutige Körnerfreaks. Ernährungswissenschaftler preisen seinen hohen Nährwert für den armen, gestreßten Menschen des 20. Jahrhunderts. Die alten Mönche und Nonnen würden nur müde lächeln. Mein Gott, würden sie sagen und abwinken, das wußten wir schon immer.

Sommerzeit, das heißt schwelgen in Himbeeren, Stachelbeeren, Johannisbeeren, Brombeeren und anderen sommerlichen Früchten. Marmelade und Saft

Dinkelvollkornbrot

1 kg Dinkel, 1 kg Dinkelmehl, $^{3}/_{4}$ Liter Wasser, 80 g Hefe, 3 Eßlöffel Salz

Dinkelkörner waschen und über Nacht an einem möglichst warmen Ort in reichlich Wasser einweichen.

Die aufgequollenen Körner absieben und durch die große Scheibe des Fleischwolfs drücken. Das Dinkelmehl in eine Schüssel geben und in die Mitte eine Vertiefung drücken. Die Hefe hineinbröckeln und einen Vorteig bereiten. Diesen etwa 10 Minuten ruhenlassen. Dann die zerkleinerten Dinkelkörner unter den Teig mengen und etwa $1^{1}/_{2}$ Stunden gehen lassen. Nochmals gut durchkneten und wieder 1 Stunde ruhenlassen. Danach Brote formen und in Kastenformen legen, nochmals gehen lassen. Die Brote an der Oberfläche einritzen, mit Wasser bestreichen und im vorgeheizten Backofen bei 200 Grad backen. Nach 20 Minuten auf 175 Grad, nach weiteren 20 Minuten auf 160 Grad zurückschalten und 50 Minuten weiterbacken. Im ausgeschalteten Ofen noch eine Zeitlang stehenlassen und beim Herausnehmen nochmals mit Wasser bestreichen. (Für 2 große oder 4 kleine Brote)

Brokkoli-Hafer-Auflauf

150 g Nackthafer, 1 Liter Gemüsebrühe,
500 g Brokkoli, 3 Eigelb, 5 Eßlöffel süße Sahne,
je 1 Prise Muskat, Pfeffer, Kräutersalz, 3 Eiweiß,
10 g Butter für die Form, 50 g gehobelte Haselnüsse
oder Mandelsplitter

Den Hafer etwa 1 bis 2 Stunden einweichen und dann in einem Dreiviertelliter Gemüsebrühe gar kochen. Einweichen ist bei Hafer nicht unbedingt nötig, verkürzt aber die Garzeit.

Brokkoli in Röschen zerlegen und die Stiele in Scheiben schneiden. Die Stielscheiben in der restlichen Gemüsebrühe knapp gar kochen. Die Brühe abgießen, etwas abkühlen lassen, dann mit den Eigelben, Sahne und Gewürzen zu einer Sauce verquirlen. Hafer mit Brokkoli und der Sauce mischen und zum Schluß den steifgeschlagenen Eischnee unterheben. In eine gebutterte Auflaufform füllen, mit Haselnüssen oder Mandeln bestreuen und bei 175 Grad etwa 40 Minuten backen. Dazu Salat servieren. (Für 4 Portionen)

Gefüllte gelbe Rüben

4 gelbe Rüben (Möhren), 1 Scheibe Weißbrot, feingewürfelt, 100 g Speck, feingewürfelt, 1 Messerspitze Muskat, Ingwer, Pfeffer, 4 Eier, 40 g Schmalz, 1/2 Liter Fleischbrühe

Die Rüben schälen und aushöhlen. Das feingehackte Rübenfleisch zusammen mit dem Weißbrot, Speck, Gewürzen und Eiern zu einer geschmeidigen Masse vermischen. Die Rüben mit der Masse füllen und im Schmalz anbraten. Mit der Fleischbrühe aufgießen und garen. Nach Geschmack würzen. (Für 4 Portionen)

Minestrone mit Dinkelkörnern

3–4 Möhren, 150 g Bohnen, 3 Stangen Bleichsellerie, 1 Fenchelknolle, 100 g gehobelter Wirsing, 3 Kartoffeln, 1 Bund Petersilie, 7–8 Blättchen Basilikum, 3–4 Blättchen Salbei, 2 Knoblauchzehen, 2 Eßlöffel Öl, 120 g Dinkel, 50 g Parmesan

Das gesamte Gemüse putzen, waschen und in kleine Würfel schneiden, die Kräuter kleinhacken. In einem genügend großen Topf die Kräuter und den gehackten Knoblauch in Öl andünsten, das Gemüse hinzufügen und mit eineinhalb Liter Wasser aufgießen. Die Garzeit beträgt bei leichtem Köcheln etwa 1 Stunde, das Gemüse darf jedoch ruhig noch etwas »knackig« sein. In einem separaten Topf die Dinkelkörner etwa 20 Minuten mit einem

Viertelliter Wasser kochen und quellen lassen. Kurz vor Ende der Garzeit der Gemüsesuppe die abgetropften Dinkelkörner dazugeben. Vor dem Servieren die heiße Suppe mit geriebenem Parmesan überstreuen. (Für 5 Portionen)

Nonnenküßchen

1 Eiweiß, 1/2 Päckchen Vanillezucker, 100 g Zucker,
100 g gehackte und geröstete Haselnüsse,
Fett fürs Blech, halbierte Haselnüsse zum Verzieren

Das Eiweiß steifschlagen. Vanillezucker, Zucker und die gerösteten und feingehackten Nüsse zufügen.

Mit einem Löffel von der Masse zwölf Häufchen abstechen und auf ein gefettetes, mit Pergamentpapier belegtes Backblech setzen. Jedem Kuß eine halbe Nuß als Verzierung aufsetzen.

Im Backofen bei 150 Grad etwa 25 Minuten backen.

kochen, das war nicht anders als in jedem x-beliebigen Landhaushalt. Nur war's halt klösterlich. Gute Gedanken und sanfte Gebete konnten einem vorteilhaften Gelingen nur dienlich sein. Handarbeit wurde im Kloster gebilligt; Sparsamkeit belobigt. Die Rezepte pflanzten sich von Mund zu Mund fort oder genauer gesagt von Hand zu Hand. Denn da die Örtlichkeiten auf weiten Strecken strengstes Stillschweigen geboten – von Kloster zu Kloster in unterschiedlicher Ausprägung –, so verfiel die Klosterobrigkeit auf eine Art Zeichensprache. Sie muß im übrigen leicht zu erlernen gewesen sein, deuteten beispielsweise rudernde Schwimmbewegungen an, daß Fisch erwünscht war. Weil außerhalb der Klostermauern weiterhin beharrlich der Eindruck erweckt werden sollte, daß Essen und Trinken völlig nebensächlich und Gott keineswegs wohlgefällig seien, sind aus dem Mittelalter nicht allzu viele Rezeptsammlungen der Nachwelt geblieben.

Es sind nun gewissermaßen kleine Raritäten, die da heute zirkulieren. In diese Kategorie fällt das Rezept »Nonnenküßchen«. Kann man davon ausgehen, daß der Urheber ein Mönch war? Oder doch nicht? Möglicherweise war es auch ganz anders. Vielleicht von einer Nonne in seligem Angedenken

Bruder Eberwein schwingt die Sense. Wenn das Korn reif war, traf man in der Klostermühle schon die Vorbereitungen zum Mahlen.

an ihren weltlichen, zurückgelassenen Liebsten erdacht. Was immer dahintersteckt, sei's drum! »Nonnenküßchen« sind ein herrliches, engelsgleiches Gebäck. Die Backkünste einstiger Klosterküchen verdienen es als schlichtweg exquisit bezeichnet zu werden. An Butter wurde überhaupt nicht gespart. Das Problem mit dem hohen Cholesterinspiegel lag noch in weiter Ferne. Was für eine Gnade! Sämtliche Zutaten waren naturbelassen und superfrisch. Die schäumende Milch kam von gesunden Kühen, die auf den sommerlich-satten Klosterwiesen grasten. Die Böden erhielten nur natürlichen Mist als Dünger. Hühner rannten frei herum, kratzten und scharrten nach Herzenslust. Die Eierspeisen waren kleine Gedichte. Locker, leicht, flockig und während der sommerlichen Zeit mit Gemüse gefüllt schmeichelten sie dem Gaumen. Eine wahre Gaumenfreude. Wen wundert's da, wenn ein aufmüpfiges Murren wider die Fastentage ertönte. Aber um dereinst im Paradiese weilen zu dürfen, war's halt, dem Himmel sei's geklagt, unerläßlich.

Versöhnlich allerdings stimmten die schmackhaften Gemüse. Kürbis zum Beispiel schmückte nicht nur den Garten. Sein großer, runder, gelb-orangefarbener Kopf symbolisierte die Fruchtbarkeit und den

Bruder Walahfrid erntet. Gemüsegerichte kamen im Sommer tagtäglich frisch in den Topf und auf den Tisch.

Hochmut. Unser Abt Walahfrid, der von der Reichenau, beschreibt ihn hinreißend: »Abwärts gebogen an schmächtigem Stiele hangen die Früchte, tragen am schlanken, länglichen Halse gewaltige Körper; riesenhaft dehnt sich die Fülle sodann zum gewichtigen Leibe, alles ist Bauch, und alles ist Wanst ...« Und dann verrät uns Walahfrid, der wohl vom Küchendienst nicht verschont geblieben ist oder zumindest in die Töpfe guckte, daß man den Kürbis, nebst anderen köstlichen Speisen, wohlbereitet zu Tische trug, nicht ohne ihn vorher in der Pfanne noch mal in Fett geschwenkt zu haben. Das ist beileibe nicht alles, was den Kürbis – immer frei nach Walahfrid – auszeichnet. Als Nachtisch genossen nennt er ihn eine süße Delikatesse. Ja, selbst ein Gefäß für einen Schoppen Wein kann aus ihm gemacht werden. Von der Melone weiß er zu berichten: »... bis sie dann, gelblich gefärbt von den Sonnenstrahlen des Sommers, füllet mit reifem Ertrag die Körbe des erntenden Gärtners.« Auch die Melone nennt er »einen guten Leckerbissen«.

Und das alles passierte im 9. Jahrhundert! Die Klöster waren Hochburgen der Eßkultur. Erfinder der Tischsitten waren sie noch so nebenbei. Tischtuch und Servietten – alles kam aus dem Kloster.

Beim Trinken das Glas erheben und sich leicht verneigen – schon wieder ein Klosterbrauch. Aber es kommt noch schöner!

Schwester Isa und Schwester Meta im Gemüsebeet. Vieles war reine Handarbeit. Einfache Gartengeräte wie Spaten, Schaufel oder Rechen mußten genügen.

Schwester Ehrengard schwärmt für Johannisbeermarmelade. Auch Obstkuchen war der Klosterküche nicht fremd.

Rhabarberschneekuchen

Für den Teig: 225 g Mehl, 75 g Mondamin,
1 Teelöffel Backpulver, 4 Eigelb,
1 Eßlöffel Milch, 125 g Zucker,
Schale von 1/2 Zitrone, 150 g Margarine;
Zum Belag: 4 Eiweiß, 125 g Zucker, 2 gestrichene
Teelöffel Mondamin, 1 Päckchen Vanillezucker,
750 g Rhabarber

Einen Mürbteig herstellen. Den Teig auf einem Backblech ausrollen und etwa 15 Minuten hellgelb anbacken. Eiweiß zu Schnee schlagen, Zucker, Mondamin und Vanillezucker unterziehen, den kleingeschnittenen Rhabarber untermischen, auf den angebackenen Teigboden verteilen und fertig backen.

Johannisbeerwein

Auf 1 Liter Saft 300 g Zucker und 1 Liter Wasser

Rote Johannisbeeren pressen und filtrieren. Zucker in Wasser läutern, abkühlen, mit dem Saft vermischen und zum Gären aufstellen (4 Wochen bei 16 bis 17 Grad). Dann eineinhalb Kilo Zucker in zwei Liter warmem Wasser auflösen, zum gegorenen Wein geben, nochmals 4 Wochen stehen lassen, filtrieren und in Flaschen füllen.

Kürbisküchlein

ca. 1 kg Kürbis, feines Meersalz, 4–6 Eßlöffel Mehl,
250 g Ziegenkäse, 3 Eier, 1/2 Bund Dill,
Pfeffer aus der Mühle, Olivenöl zum Braten,
2 Eßlöffel gehackte Kürbiskerne

Kürbis schälen, entkernen und auf einer Gemüsereibe raspeln. Leicht salzen, in ein Sieb geben und Saft ziehen lassen.

Kürbisraspel richtig gut auspressen und in eine Schüssel geben. Mehl darübersieben. Grob geriebenen Käse, verquirlte Eier und gehackten Dill beigeben und alles zu einer feuchten, aber noch formbaren Masse vermischen. Vorsichtig salzen und pfeffern.

Von der Kürbismasse mit einem Löffel Portionen abstechen, in erhitztes Öl geben, flachdrücken und auf beiden Seiten goldbraun braten. Herausnehmen und zugedeckt warm stellen. Vor dem Servieren gehackte Kürbiskerne darüberstreuen. (Für 4 Portionen)

Die Ziege Heckmeck wird von Bruder Eoban gefüttert. Ziegenkäse war eine beliebte Abwechslung auf dem Klosterküchenzettel.

Herbst

Jetzt reifen schon die
roten Berberitzen,
alternde Astern atmen
schwach im Beet.
Wer jetzt nicht reich ist,
da der Sommer geht,
wird immer warten
und sich nie besitzen.

(Rainer Maria Rilke)

Bruder Eberwein hat zu viel Most getrunken.
Bei dem, der während des Chorgebets weglief, war Zerknirschung angebracht.

Lauchsuppe

2 Lauchstengel, 40 g Fett, 50 g Mehl, Salz, Curry, 1 Semmel

Lauch waschen, in dünne Streifen schneiden, in heißem Fett dünsten, stauben, 15 Minuten weiterdünsten, aufgießen, würzen, gut kochen lassen, mit gebähten Weckschnitten anrichten. (Für 4 Portionen)

Lauchgemüse

1 kg Lauchstengel, 40 g Fett, $^1/_4$–$^1/_2$ Liter Fleischbrühe, 1–2 Eßlöffel Mehl, Salz, Curry, 3 Eßlöffel süße Sahne

Lauchstengel waschen, von der Wurzel und den losen, grünen Teilen befreien, in zwei Zentimeter lange Stücke schneiden und in heißem Fett andünsten, mit Fleischsuppe aufgießen und zugedeckt gar dünsten. Kurz vor Ende der Garzeit binden, abschmecken, mit Rahm verbessern.

Oder: Lauch halbweich dünsten, mit einem halben Pfund in kleine Würfel geschnittenen Kartoffeln fertiggaren, abschmecken (kein Mehl verwenden). (Für 4 Portionen)

Bruder Einhart, auch der »Lauchbruder« genannt, hat offenbar infolge himmlischer Eingebung den sogenannten grünen Daumen.

Gefüllte Krautköpfchen – Krautwickel

Weißkrautköpfchen, Salzwasser;
Zur Fülle: 250 g Braten- oder Schinkenreste,
2 Semmeln, 2 Eier, Zwiebel und Petersilie gedünstet,
Salz und Pfeffer; Fett und Fleischbrühe

Die Kohlblätter von den großen Rippen befreien, im Salzwasser halbweich kochen, zum Abkühlen auf eine Platte legen.

Eine Fülle bereiten aus dem feingewiegten Fleisch, den eingeweichten, ausgedrückten Semmeln, den Eiern, Grünzeug und Gewürzen. Diese Fülle streicht man auf die Krautblätter, setzt die kleinen zu Köpfchen zusammen, während man die großen einzeln aufrollt, in eine gefettete Form geben, öfters mit heißer Butter und wenig Fleischbrühe übergießen und zugedeckt im Rohr weichdämpfen. (Für 4 Portionen)

Sauerkraut

2 Zwiebeln, 4–5 Eßlöffel Schmalz,
750 g Sauerkraut, 3 Wacholderbeeren, 1 Lorbeerblatt,
2 Eßlöffel Honig, 3 säuerliche Äpfel,
$^1/_8$ Liter Weißwein, Salz, 250 g Schinkenspeck,
in 4–6 Scheiben geschnitten, Pfeffer

Die kleingehackten Zwiebeln im Schmalz glasig dünsten. Inzwischen das Sauerkraut mit einer Gabel oder mit der Hand zerrupfen und zu den Zwiebeln geben.

Die Wacholderbeeren zerdrücken und mit dem Lorbeerblatt sowie dem Honig zum Kraut geben. Den Topf verschließen und das Sauerkraut bei milder Hitze weiterschmoren. Die Äpfel schälen, in Spalten schneiden und entkernen.

Nach etwa 20 Minuten nachsehen, ob das Kraut nicht angesetzt ist. Äpfel, Wein und etwas Salz zugeben. Den Schinkenspeck auf das Kraut legen, den Topf wieder zudecken und das Kraut nochmals 30 Minuten schmoren lassen.

Mit Pfeffer und vielleicht noch etwas Honig abschmecken, anrichten und servieren. (Für 4–6 Portionen)

Krautkrapfen

Nudelteig aus 300 g Mehl, 2 Eiern, Wasser und Salz;
Für die Füllung: 1 kg Sauerkraut, etwas Salz,
feingewiegte Zwiebeln, Kümmel; Fett

Das Sauerkraut auf einem Seiher abtropfen lassen, etwas verwiegen, mit Zwiebeln und Kümmel im heißen Fett rösten.

Nudelteig auswellen, mit dem vorbereiteten Kraut belegen, aufrollen, in fünf Zentimeter lange Stücke teilen. In einem Tiegel Fett zerlaufen lassen, die Krapfen stehend einsetzen, etwas Wasser zugießen. Wenn sie unten eine Kruste haben, wenden und fertigbacken.

Statt des Nudelteiges kann man auch dünne Pfannkuchen nehmen. (Für 4 Portionen)

Bruder Eigil spricht mit dem Krautkopf.
Die Schöpfung schloß alles ein. Steine, Pflanzen, Tiere und Menschen. Und alles wirkte zusammen.

Herbst – die Tage treten kürzer. Das Licht schwindet. Die Natur atmet langsamer. Aber noch gibt es vieles in Hülle und Fülle, als da sind Weintrauben, Nüsse, Äpfel, Birnen, Pflaumen, Pilze, Kohlgemüse, Hagebutten und Quitten. Die zart bereiften, dunkellila gefärbten Pflaumen leuchten verlockend hinter grünem Blattwerk. Weißkohl verwandelt sich unter geschickten, fleißigen Händen und Füßen (!) zu Sauerkraut, das in Holzfässern gelagert wird, und die Samen von Sonnenblumen und Kürbis werden für Brot und Wecken eingesammelt. Die Vorratskammern des Klosters füllen sich immer mehr. Schließlich ist der Winter nicht mehr weit.

Im Garten des Herrn wuchs auch der Wein. Im Herbst hingen die Trauben reif und süß in den Weinbergen und warteten darauf gelesen zu werden. Großzügig erlaubte der heilige Benedikt von Nursia in seinem Orden, nämlich dem der Benediktiner, jedem Mönch täglich ein Viertel Wein. Das war so übel nicht, dieweilen diese Regel doch da und dort sehr lasch gehandhabt wurde. Wer zu tief ins Glas schaute, der verfiel nicht gleich der Verdammnis, nein, von wegen, er beging nur eine recht kleine Sünde. Also konnte man das ganze auch

Bruder Wigpert mit dem Weinfaß.
Dem Weingenuß widersprach auch der heilige Benedikt von Nursia nicht.

gleich vernachlässigen. Der Weinrebe war im Laufe der Religions- und Kulturgeschichte eine überaus interessante Rolle zugefallen. Angeblich war der Weinstock schon im alten Orient gleichbedeutend mit dem »Kraut des Lebens«. Das sumerische Zeichen für »Leben« war ein Weinblatt. Im Johannesevangelium heißt es: »Ich bin der rechte Weinstock und mein Vater der Weingärtner ...« Ob man Hildegard von Bingen, Albertus Magnus oder Konrad von Mengenberg zu Rate zieht, allesamt waren sie sich einig: Dem Weinstock sangen sie Loblieder. Weinlaub und Trauben »blühten« sogar in Stein als Schmuck in vielen Kathedralen. Die einschlägigen Kunstbücher sind voll davon. Wein wurde von den Nonnen und Mönchen außerdem als Heilmittel und als symbolhaftes Getränk am Altar in reichem Maße verwendet. Die klösterlichen Kellermeister entwickelten ein unnachahmliches Talent im richtigen Umgang mit der Traube. War man krank, hatte man Anspruch auf Wein und zwar über das übliche Quantum hinaus. Der Wein wurde also auch als stärkendes Mittel angesehen.

Wer einmal ein Auge auf den Klosterplan von St. Gallen, der die Anlage im 9. Jahrhundert zeigt, wirft, der entdeckt, daß darin erstaunlicherweise ein

Brauhaus und eine sogenannte Malzdarre vorkommen. Also brauten die frommen Brüder Bier! Was für Kulturgüter doch solch' eine klösterliche Gemeinschaft hervorbrachte! Nicht genug, daß Wein und Bier ruhigen Gewissens Klostererfindungen genannt werden dürfen, nein, sie setzten noch eins drauf – mit einem Schuß Genialität, der nicht von dieser Welt war – und plötzlich perlte Champagner hinter düsterem Klostergemäuer hervor. Mönche und Nonnen erwiesen sich als Meister der hohen Destillierkunst. Jawohl, auch Nonnen. Bis auf den heutigen Tag wird in Nonnenklöstern destilliert, werden Kräuterelixiere gebraut und Melissengeist hergestellt.

Über Nüsse, Haselnüsse, die braun glänzend im Herbst vom Haselbaum prasseln, schrieb die heilige Hildegard und wieder dieser Konrad von Mengenberg. Sie waren sich nicht ganz einig, die Guten, ob sie die Nuß so recht von Herzen loben sollten. Ein Gesundheitsbuch, der »Gart der Gesundheit« (Mainz 1485), ist da völlig anderer Meinung. Es rühmte die Nuß bei Husten. Das widerspricht den Erfahrungen mehrerer Sängergenerationen, deren Stimmbänder beim Genuß von Nüssen rauh und spröde wurden und keinen gescheiten Ton mehr her-

Weincreme

$^1/_2$ Liter Weißwein, 3 Eier, 80 g Zucker,
6 Blatt weiße Gelatine, Saft von $^1/_2$ Zitrone

Eigelb und Zucker schaumig schlagen, Wein und Zitronensaft dazugeben, am Feuer abschlagen, bis die Masse zu kochen beginnt, die aufgelöste Gelatine unter die noch heiße Creme geben, kalt stellen. Sobald die Creme anzuziehen beginnt, den steifgeschlagenen Eischnee unterziehen, in eine Glasschale füllen und kalt stellen, nach Belieben mit Schlagrahm verzieren. (Für 4 Portionen)

Weinsuppe

40 g Fett, 50 g Mehl, $^1/_2$ Liter Wasser, 100 g Zucker,
1 Zitrone, $^1/_2$ Liter Wein, 2 Eigelb, 1 Semmel

Eine helle Einbrenne bereiten, mit Wasser aufgießen, Zucker, Zitronensaft und etwas Zitronenschale dazugeben und mitkochen. Dann den Wein beigeben, über die verquirlten Eigelbe gießen und mit gebähten Weckschnitten servieren. (Für 4 Portionen)

Schwester Anna und Schwester Meta im Weinberg.
Sie mochten lieber die dunklen und süßen Weintrauben.

Zwiebeln in Bierteig

Für den Bierteig: 250 g Mehl, 1/4 Liter Bier,
2 Eier, 3 Eßlöffel Öl;
Für die Joghurtsoße: 150 g Naturjoghurt,
1–2 Eßlöffel frisch gepreßter Zitronensaft,
1 Teelöffel Öl, Salz, weißer Pfeffer aus der Mühle,
1/2 Bund Petersilie; 2 Gemüsezwiebeln,
Öl zum Fritieren, Salz, Pfeffer aus der Mühle

Für den Bierteig Mehl, Bier, Öl und die beiden Eigelb mit einer Prise Salz zu einem geschmeidigen Teig verrühren. 1 Stunde ruhenlassen, dann das Eiweiß steifschlagen und unter die Eimasse heben.

Den Joghurt mit Zitronensaft und Öl verrühren, mit Salz und weißem Pfeffer würzen. Die Petersilie waschen, die groben Stiele entfernen, die Blätter kleinhacken und dem Joghurt zufügen.

Die Zwiebeln schälen und in etwa drei Millimeter dicke Scheiben schneiden. Das Öl erhitzen. Die Zwiebelscheiben in den Bierteig tauchen – er muß so fest sein, daß an den Zwiebeln eine dünne Teigschicht haften bleibt – und mit einem Schaumlöffel in das heiße Öl geben. Goldbraun ausbacken, mit dem Schaumlöffel herausnehmen und auf Küchenkrepp kurz abtropfen lassen. Die Zwiebelscheiben noch heiß mit der Joghurtsauce servieren. (Für 4 Portionen)

Nußlikör

1 Liter Branntwein, $1/2$ kg grüne Nüsse, 2 Nelken, $1/2$ Zimtstange, $1/2$ Liter Wasser, 375 g Zucker

Die grünen Nüsse waschen, abtrocknen, in dünne Scheiben schneiden, mit den Gewürzen und dem Branntwein 14 Tage in einer Flasche an die Sonne stellen. Zucker und Wasser kochen, abgekühlt zu dem Branntwein gießen, filtrieren und in Flaschen füllen.

Haselnußauflauf

150 g Zucker, 1 Eßlöffel Vanillezucker, 4 Eier, 150 g geriebene Haselnüsse, 5 Eßlöffel dicker saurer Rahm, 50 g Stärkemehl, Zitronengelb

Schaummasse aus Eigelb und Zucker herstellen, Rahm, Haselnüsse und Stärkemehl daruntergeben, zuletzt den Eischnee unterheben, 30 Minuten im Rohr backen. (Für 4 Portionen)

Schwester Christhild will Zwiebelkuchen backen.
Zu dem paßte, wie heute auch, vorzüglich
ein guter Wein.

vorbringen konnten. Wir sehen schon, dieser Baum ist mit Vorsicht zu genießen. Oder was ist davon zu halten, daß die Haselnuß verdächtigt wird so ganz nebenbei auch als Zaubermittel zu fungieren? »Laßt uns doch die Nuß betrachten, denn die in das Licht des Lichtes hervorgebrachte Nuß ist ein Mysterium ...« Das erzählt uns ein gewisser Adam von St. Victor im 12. Jahrhundert. Vollends hellhörig muß einer werden, wenn berichtet wird, daß die alten Merowinger seligen Angedenkens als Grabbeigabe Haselnußzweige bevorzugten, natürlich neben dem üblichen Geschmeide.

Da wendet man sich frohen Herzens lieber der Eßkastanie, diesem edlen Geschöpf des Herbstes, zu, die Hildegard gegen jedwede Schwäche empfiehlt. Dem von der Gicht Gebeutelten wird angeraten, daß er tunlichst in einem Sud davon den bresthaften Leib baden solle, das tue ihm gut und »er wird einen sanften Geist haben«. Wie erfreulich! Im Verbund mit Honig mache die Kastanie einen warm und stark. Nun, das ist ebenso durchaus willkommen. Schließlich werden ab jetzt die Tage immer kälter.

Noch ein Nachwort zum Brotbacken: Brot war nicht gleich Brot. Das Brot aus der Klosterbackstube

Kastanienauflauf

250 g Kastanien, 1/4 Liter Milch,
1 Päckchen Vanillezucker, 30 g Butter, 45 g Zucker,
250 g süße Sahne oder Milch, 5 Eigelb,
5 Eiweiß, zu Eischnee geschlagen,
10 g Butter für die Form

Die Kastanien schälen, in einem Dampfeinsatz kurz erhitzen und das braune Häutchen abziehen. In der Milch weich kochen und durch ein Sieb drücken.

In einem Topf Milch mit Vanillezucker und Butter erhitzen. Den Kastanienbrei und den Zucker hinzufügen und zu einem dicken Mus kochen. Die Masse abkühlen lassen, nach und nach die mit Sahne oder Milch verquirlten Eigelbe zugießen. Den Eischnee unter die Kastanienmasse heben und alles in eine gefettete Auflaufform füllen. Bei mittlerer Hitze etwa 30 bis 35 Minuten backen. (Für 4 Portionen)

Kraftbrot

1 kg Weizenmehl, 500 g Roggenmehl,
500 g Roggenkleie, 40 g Hefe, 1 Teelöffel Salz,
1 Teelöffel Anis, 1 Teelöffel Kümmel

Mehl und Kleie mischen, Hefe und Salz zugeben, mit Anis und Kümmel verfeinern. Nach und nach lauwarmes Wasser dazugießen, damit aus der ganzen Masse ein fester Teig wird.

Den Teig fein verarbeiten und daraus ganz nach Belieben »Kupfen« formen. Alle auf ein Blech oder Brett legen und rund 90 Minuten gehen lassen.

Danach alle Stücke mit lauwarmem Wasser bestreichen und mit einer Form stupfen. (Statt Wasser kann man auch eine feine Lösung aus Mehl und Wasser zum Bestreichen nehmen. Dann erhalten sie eine schönere Farbe.)

Das Blech in den Ofen schieben. Bei starker Hitze, 220 Grad, 80 bis 90 Minuten backen. Wieder herausnehmen, nochmals bestreichen und im Ofen trocknen lassen (was kaum ein Vaterunser lang dauert).

Die Menge läßt sich ohne weiteres vermehren, nur muß der Teig dann entsprechend länger geknetet werden.

war, ja wie soll man sagen, es war von einem anderen Geist beseelt. Allein schon die feierlichen Riten, die, bevor man backte, damit verbunden waren! Die Waschungen von Gesicht und Händen, die langen Litaneien inbrünstig gebetet zeigten: Brotbacken war eine Zeremonie, eine religiöse. Das war der Unterschied zum Dorfbäcker. Was jener zu bieten hatte, war gebackener Teig. Im Kloster ging man an die Dinge anders heran, man mischte die Zutaten, knetete den Teig im Trog und backte – und jetzt kommt das Entscheidende – alles mit einem achtsamen Herzen und mit viel Liebe. Das Brot und die Hostien waren solchermaßen durch und durch mit positiver Energie getränkt. Zweifelsohne einleuchtend, nicht wahr?

Nun zu den Äpfeln. Daß – infolge der Massen dieses Obstes, welches in vielen Sorten die Zweige des Apfelgartens bevölkerte – auch gemostet wurde im Kloster, muß kaum erwähnt werden. Ungespritzt konnten die Früchte, die im Paradies so eine hinterhältige Rolle spielten, mitsamt der Schale verarbeitet werden. Wurde der Apfel mal ausnahmsweise doch geschält, so trocknete man die Schale und konnte damit einen im heutigen Sinne vitaminreichen – was wußte einer damals von Vitaminen! – fruchtigen

Bruder Einhard beim Sägen. Der Baumgarten wurde für den Winter gerüstet.

Tee aufbrühen, der zu Recht als wunderbarer Durstlöscher beliebt war. Trockenobst gebrauchte man reichlich, so wurden zum Beispiel Äpfel in Ringe geschnitten und getrocknet. Ebenso verfuhr man mit Pilzen, die es in früheren Zeiten, als in Europa noch riesige Waldzonen existierten, massenhaft gab. Damals wie heute war die Kenntnis, ob Speisepilz oder giftig, eine Frage von Leben und Tod. Wiesenchampignons, dottergelbe Pfifferlinge, Steinpilze und die vielen anderen mit ihrem sehr eigenen, aber überaus aromatischen Geschmack waren keine Stiefkinder in der Klosterküche.

Alles, was die Natur zu bieten hatte, und besonders eben im Herbst, fand auch seinen Weg ins Kloster. Diese Zeit des Jahres, wenn die Tage bereits wieder kürzer wurden, war so eine Art Rush-hour für Früchte. Tückischerweise verfielen viele von ihnen wie zum Beispiel Brombeeren, Holunderbeeren oder Schlehen innerhalb von Stunden der Fäulnis anheim, wenn sie nicht sofort verkocht oder sonstwie verarbeitet – eben vernascht – wurden.

Der Platzbedarf in den Vorratskammern großer Klöster muß immens gewesen sein, galt es doch auch für die täglich eintreffenden Pilger oder Bettler, die Tag für Tag an die Klosterpforte klopften und

Bruder Emeraldus und Bruder Walahfrid bei der Apfelernte. Neben dem Kräuter- und Gemüsegarten erfreuten sich viele Klöster auch eines Baumgartens.

Holunderkompott

750 g Holunderbeeren, $^3/_4$ Liter Wasser oder Milch,
125 g Zwetschgen, 2 Birnen, 1 Apfel,
250 g Zucker, etwas Zimt, 20 g Stärkemehl

Die abgestreiften Beeren rasch waschen, mit Zucker, Wasser oder Milch, den entsteinten, halbierten Zwetschgen, den geschälten, feinblättrig geschnittenen Birnen und Äpfeln und dem Zimt kalt zum Kochen aufstellen und langsam weich kochen. Bevor die Beeren ganz weich sind, mit dem abgerührten Stärkemehl binden und noch kurze Zeit gar kochen. (Für 4 Portionen)

Kompott aus Dörrobst

250 g Dörrobst, $^3/_4$ Liter Wasser, 80–100 g Zucker,
Zimtrinde oder Zitronenschale

Das Dörrobst lauwarm waschen, über Nacht einweichen, mit dem Einweichwasser, Zucker und Zimtrinde oder Zitronenschale zum Kochen aufstellen, eine Prise Salz beigeben und weich kochen. (Für 4 Portionen)

Gefüllte Steinpilze

Schöne, gleichmäßig große Steinpilze einputzen, rasch waschen, abtropfen lassen, den Stiel aushöhlen und mit folgender Masse füllen: Eingeweichte Brötchen mit abgedünsteter Zwiebel und Petersilie, fein gehackten Pilzen, Ei, Salz und Curry gut vermengen. Die gefüllten Pilze in eine gut ausgefettete Form geben, mit Zitronensaft beträufeln und im Rohr backen, mit Rahmsoße servieren.

Rehlinge

Die Pilze abschaben, kurz waschen, in heißer Butter zugedeckt kurze Zeit dünsten, mit Mehl überstäuben, mit Fleischsuppe oder Wasser aufgießen, noch 5 Minuten dünsten, mit Salz, feingewiegter Petersilie, Curry und Zitronensaft abschmecken, mit Wein verbessern.

Oder: Die eingeputzten Rehlinge in kochendes Salzwasser geben, einmal aufkochen, mit dem Schaumlöffel herausnehmen, in heißer Butter schwenken, würzen wie oben, mit verquirlten Eiern übergießen, anziehen lassen und alsbald zu Tisch geben.

Einlaß oder ein Almosen begehrten, gerüstet zu sein. Zumal wenn der Winter, eine ungemütliche Jahreszeit, unmittelbar bevor stand. Keiner, der da klopfte, wurde abgewiesen. Zumindest erhielt jeder Brot und Wein, und bei Bedarf ein Nachtlager obendrein. Zu diesem Zweck unterhielten die Klöster Gästehäuser, das waren Gebäude, die im Klosterkomplex integriert ein Eigenleben führten. Der heilige Benedikt war der Ansicht, daß alle Gäste wie Christus empfangen werden sollten. Später unterschied man schon, ob der Einlaßheischende eher ein Reisender, ein Pilger oder ein Bettler war. In den Dörfern, die unmittelbar in Reichweite des Klosters siedelten, erwies man den Armen besondere Fürsorge. Es ist keine Frage, daß Klöster zu allen Zeiten eine große soziale Aufgabe erfüllten. Dementsprechend mußte auch die Bevorratung ausfallen.

Noch eine Anmerkung zu den Armen. In manchen Klöstern wurden selbige nicht allein nur gespeist, nein, die den Mönchen und Nonnen verordnete Nächstenliebe sah vor, daß Bedürftige gebadet, rasiert und mit Kleidung versehen wurden. Waren sie krank, nahm sie das Kloster im Krankensaal auf und versorgte sie medizinisch. Das setzte voraus, daß die Klosterapotheke genügend Arznei vorrätig hatte,

Bruder Kuno meditiert. Schweigen und Askese waren dem Heile förderlich. Der Körper wurde mürbe wie ein Apfel.

Apfelstrudel

250 g Mehl, 1 Prise Salz,
1 Eßlöffel flüssige Butter, 2 Eiweiß oder 1 Ei,
3–5 Eßlöffel warmes Wasser oder Milch;
Für die Füllung: 2 Eßlöffel flüssige Butter oder
süße Sahne, 1 Eßlöffel Paniermehl,
1 kg Äpfel, in dünne Spalten geschnitten,
1 Messerspitze Zimt, 50 g Zucker, 50 g Rosinen,
100 g gemahlene Haselnüsse, 1 Eßlöffel Butter oder
süße Sahne zum Bestreichen des Strudels,
Puderzucker zum Bestreuen

Aus Mehl, Salz, zerlassener Butter, Ei und Flüssigkeit einen weichen Teig herstellen. Den Teig tüchtig schlagen und kneten, bis er geschmeidig und glänzend ist. Den Strudelteig in ein bemehltes Tuch legen und 30 Minuten ruhenlassen. Dann den Teig auf dem Tuch vorsichtig ausrollen und dünn ausziehen.

Den ausgezogenen Strudel mit Butter oder Sahne bestreichen und Paniermehl darauf streuen. Die Apfelscheiben und die übrigen Zutaten gleichmäßig auf dem Teig verteilen. Den Teig mit Hilfe des Tuches aufrollen und auf ein Backblech oder in eine Fettpfanne legen. Mit zerlassener Butter oder Sahne bestreichen und im Backofen bei mittlerer Hitze etwa 35 bis 40 Minuten goldgelb backen. Mit Puderzucker bestreut servieren.

Kräutertee (Heiltee)

In der Regel 1 Teelöffel getrockneter Tee für 1 Tasse (Lindenblüten, Kamille, Pfefferminz, Tausendguldenkraut, Wermut, Kümmel usw.). Den Tee mit kochendem Wasser übergießen, 5 Minuten ziehen lassen, abseihen. Tee von Rinden und Wurzeln einige Zeit kochen.

Kaisertee (gut bei Heiserkeit)

$^1/_4$ Liter Wasser, 30 g Kandiszucker,
$^1/_2$ Liter Schwarztee (5 g), 2 Eßlöffel Zucker,
2 Eigelb, Saft von $^1/_2$ Zitrone

Kandiszucker mit einem Viertelliter Wasser kochen. Zucker und Eigelb schaumig rühren, unter beständigem Rühren das kochende Kandiszuckerwasser sowie den Schwarztee und Zitronensaft dazugeben.

Arznei, die aus Naturheilmitteln bestand. Die Erkältungskrankheiten, die eine betrübliche Eigenart der kälteren Jahreszeit darstellen, werden früher auch nicht anders oder weniger aufgetreten sein als heute. Im Kloster konnte man sie getrost und in aller Ruhe erwarten, die Heilkräuter des Sommers mit ihren wohltätigen Wirkstoffen überwinterten in getrockneter Form oder im Elixier. Walahfrid verkündet in seinem Gedicht über den Fenchel: »Ferner vertreibt die Wurzel des Fenchels, vermischt mit dem Weine, Trank des Lenaeus, und so genossen, den keuchenden Husten.« Von der Minze weiß er zu berichten: »Eine nützliche Art soll die rauhe Stimme, so sagt man, wieder zu klarem Klang zurückzuführen vermögen, wenn ein Kranker, den häufige Heiserkeit quälend belästigt, trinkend einnimmt als Tee ihren Saft ...« Auch dem Rettich erweist er seine Reverenz: »Ziemlich scharf ist die Wurzel, gegessen besänftigt sie aber Husten, der dich erschüttert ...«

Viele mittelalterliche Heilkundige schrieben über die Heilwirkungen von Pflanzen auch bei Erkältungskrankheiten. Und man hatte, im Umgang mit solchen Krankheiten, viel Zeit und Geduld. Zum Einsatz kamen in der praktischen Anwendung Tinkturen, Salben, Pulver und Umschläge mit Pflanzenbrei. Die Pflanzen waren im Hochsommer, wenn die Sonne am höchsten stand, also zur Mittagszeit, geerntet worden, weil sie dann am wirksamsten sein sollten. Hildegard von Bingen möchte sie lieber bei Vollmond geerntet sehen. Wie auch immer, gegen Pest und Cholera und andere schwere Krankheiten war kein Kraut gewachsen.

Winter

Wenn ungesehn und nun
vorüber sind die Bilder
der Jahreszeit, so kommt
des Winters Dauer,
das Feld ist leer, die Ansicht
scheinet milder,
und Stürme wehn umher
und Regenschauer.

(Friedrich Hölderlin)

Abt Wunnibald wartet ungeduldig auf
den Bruder Tonsurmeister.
Haareschneiden war Termingeschäft.

Schweinsragout

400 g Schweinefleisch (Schlegel), 40 g Fett,
50 g Mehl, $^{3}/_{4}$ Liter Fleischbrühe oder Wasser,
3 Pfefferkörner, $^{1}/_{2}$ Zwiebel, $^{1}/_{2}$ Lorbeerblatt,
etwas Essig, 2 Eßlöffel Wein

Fleisch waschen, abtrocknen, in größere Würfel schneiden und klopfen. Das Mehl in dem heißen Fett braun rösten, mit Fleischbrühe aufgießen, das Fleisch und die Gewürze hineingeben und weich dämpfen. Wenn das Fleisch gar ist, die Gewürzzutaten entfernen und die Soße mit Wein verbessern. Mit Spätzchen oder Kartoffelklößchen zu Tisch geben. (Für 4 Portionen)

Schweinekarree

500–750 g Fleisch, Salz, Pfeffer, Zwiebel,
Gelbrübe, Brotrinde, Wasser, 1 Eßlöffel Wein

Ein Stück Karree rasch waschen, abtrocknen, würzen und mit heißem Wasser und den Bratenzutaten, die Schwarte anfangs nach unten, zum Braten aufstellen. Nach etwa 30 Minuten wenden, die Schwarte einschneiden und unter öfterem Übergießen mit der ausgebratenen Soße knusprig fertigbraten. Die entfettete Bratensoße mit Wein verbessern. (Für 4 Portionen)

Schweinchen Milli ist auf die Küchenabfälle erpicht. Für hochmögende Gäste des Klosters kam Schinken auf den Teller.

Gansjung

1 kg Gansjung;
Für die Beize: 2 Teile Wasser, 1 Teil Essig,
1 Zwiebel, 1 Gelbrübe, Zitronenscheibe, Nelken,
Pfefferkörner, 1 Lorbeerblatt;
Für die Soße: 60 g Fett, 80 g Mehl, das Blut der Gans,
Beize, 2 Eßlöffel Wein

Das vorgerichtete Gansjung (Kopf, Hals, Füße, Flügel, Magen, Herz) in kleine Stücke teilen und ein paar Tage in die Beize legen. Dann das Gansjung mit der Beize zum Kochen aufstellen. Unterdessen aus Fett und Mehl eine dunkle Einbrenne bereiten, mit Blut, Beize und wenig Wasser aufgießen, die Soße sehr gut durchkochen lassen, das weichgekochte Gansjung hineingeben und mit Wein verbessern. (Für 4 Portionen)

Schwester Annegret und die Gänse Margot und Elfi. Einer Weihnachtsgans war kein langes Leben beschieden. Als Klostergans war man nicht so stark gefährdet.

Erbsensuppe

200 g Erbsen, 40 g Fett, 2 Eßlöffel Mehl,
$^{1}/_{2}$ Zwiebel, Salz, etwas Muskat, 1 Semmel

Erbsen aussuchen, waschen, über Nacht in abgekochtem erkaltetem Wasser einweichen, mit dem Einweichwasser zum Kochen aufstellen, weichkochen, durchpassieren. Helle Einbrenne herstellen, die durchpassierten Erbsen dazugeben, aufgießen, würzen, durchkochen, mit gebähten Weckschnitten oder gerösteten Semmelwürfeln servieren. (Für 4 Portionen)

Weiße Bohnen

120 g getrocknete Bohnen, Einweichwasser,
40 g Fett, 1 kleine Zwiebel, 1 Eßlöffel Mehl,
Fleischbrühe, Salz, Muskat

Kleine weiße Bohnen über Nacht in weichem Wasser einweichen, am anderen Tag darin weichkochen, mit Fett und feingeschnittener Zwiebel, etwas Fleischbrühe zum Dünsten aufstellen. Zum Schluß das Gemüse mit wenig Mehl binden und abschmecken.

Der Geschmack kann durch Zugabe von Tomatenmark verändert werden.

Oder: Zutaten wie oben, anstatt Mehl ein halbes Kilo Kartoffeln verwenden. Nach der halben Garzeit die in kleine Würfel geschnittenen Kartoffeln dazugeben. (Für 4 Portionen)

Linsen

250 g Linsen, 1 kleiner Knollensellerie,
1 Petersilienwurzel, 1 Stange Lauch,
1 l Fleischbrühe, 2 EL Mehl,
eventuell etwas Schmalz, 800 g Schweinefleisch
(geräuchert, gepökelt oder frisch) oder Bratwürste

Die Linsen werden wie Erbsen ausgelesen, gewaschen und mit kaltem Wasser zum Feuer gesetzt. Wird geräuchertes, gepökeltes oder frisches Schweinefleisch dazu gegeben, so wird dieses gleich mitgekocht.

Indes nimmt man Sellerie, Petersilienwurzel, Lauch und dergleichen, schneidet es fein, läßt es in guter Brühe kochen, rührt dann ein paar Kochlöffel voll Mehl daran und gibt zuletzt die Linsen hinzu. Die läßt man darin etwas einkochen, aber nicht anbrennen, was sehr leicht geschieht. Haben die Linsen noch zu viel Brühe, so wird sie abgegossen, ehe das Mehl dazukommt. Erst, wenn sie zu dick werden sollten, wieder etwas Brühe hinzugeben.

Wird kein Fleisch dazu gekocht, so wird das Mehl im Schmalz hellbraun geröstet, dann die Brühe mit den Wurzeln und zuletzt die Linsen daran gerührt. In diesem Falle gibt man geräucherte Bratwürste, Zungen und dergleichen dazu, die man auch darin aufkochen läßt. (Für 4 Portionen)

Bruder Ruthart findet Erbsensuppe gar nicht so langweilig. Mit den richtigen Gewürzen ist sie sogar recht schmackhaft.

Fastenkoteletts

200 g Erbsen oder Bohnen, 1 Zwiebel, feingewürfelt,
1 Bund Petersilie, feingehackt, 40 g Butter,
1 Scheibe Weißbrot (50 g), 4 Eier, 20 g Paniermehl

Die Erbsen oder Bohnen über Nacht einweichen, dann weich kochen und passieren. Zwiebelwürfel und Petersilie in etwas Butter dünsten. Das Weißbrot in kaltem Wasser oder kalter Milch einweichen, ausdrücken, fein zerrupfen und mit der Zwiebel, Petersilie und drei Eiern zu der Hülsenfruchtmasse geben. Die Masse mit allen Zutaten verkneten, vier Koteletts daraus formen, diese im restlichen verquirlten Ei und Paniermehl wenden. In Butter von beiden Seiten knusprig braten. (Für 4 Portionen)

Erbsenbrei

300 Gramm Erbsen verlesen, waschen, über Nacht einweichen und im Einweichwasser kochen (bei ungeschälten Erbsen das Einweichwasser abschütten und die Erbsen in frischem, weichem Wasser kochen). Die weichgekochten Erbsen durchpassieren, mit hellgelber Mehlschwitze binden, abschmecken und noch kurze Zeit kochen. (Für 4 Portionen)

Winter – die dunklen Tage mit weniger Licht und eisigen Temperaturen rücken näher. Der Pulsschlag in der Natur verlangsamt sich rapide. Im Kloster des Mittelalters war der Winter die ungemütlichste, ja wenn nicht schauerlichste Zeit des Jahres überhaupt. Wenn wir hören, daß in der Regel nicht geheizt wurde, läuft es uns kalt den Rücken hinunter. Nur in einem einzigen Raum konnten sich die Bedauernswerten, wohl kurz ehe sie vor Frost steif wurden, etwas aufwärmen, bloß um dann erneut weiterzufrieren. Eine heiße, dicke Erbsensuppe mußte da genügen, um wenigstens das innere Feuer mühsam bewahren zu können. Erstaunlicherweise wußte man intuitiv, daß Linsen-, Erbsen- und Bohnengerichte, also Hülsenfrüchte jeglicher Art, den fröstelnden Leib etwas besser wärmten, als das etwa Grießbrei bewerkstelligt hätte.

Was nun den Abt betrifft, der zumeist separat wohnte, wird er wohl so spartanische Temperaturen nicht erlitten haben. Das ist schon deswegen unvorstellbar, weil er ja immer die herrliche Ausrede hatte, für das Wohl seiner Gäste zuständig zu sein.

Zumindest waren die Nonnen und Mönche der Jahreszeit entsprechend wärmer gekleidet. Manch-

Bruder Emeran mit dem Pferd Lotti.
Für die Klosterküche brauchte man Holz.

mal trug man sogar Pelz, was bedeutete, daß ein Schaffell den Rücken zierte oder ein Muff vorhanden war, in dem die Hände in erträglicher Temperatur verweilen konnten. Die modischen Belange variierten von Orden zu Orden und von Jahrhundert zu Jahrhundert erheblich, sowohl was die Farben betrifft als auch bezüglich des Designs. Im allgemeinen war es üblich über einem Unterkleid nebst Hosen ein sogenanntes Skapulier, so eine Art Schulterkleid mit Kapuze, anzulegen. Die Kukulle dagegen war ein mantelförmiges Gebilde für Outdoor-Gelegenheiten. Entfernte man sich vom Kloster etwas weiter weg, so war dafür ein besonderes Outfit vorgesehen, das der Abt höchstpersönlich verteilte. Es gab, Gott sei's geklagt, auch Auswüchse was die Kleidung angeht. So ward es auf's Äußerste mißbilligt, daß vereinzelte Mönche sich gar aufreizend in der Taille schnürten, bisweilen unanständige Beinkleider zeigten und statt der geziemenden Sandalen seltsame Fußbekleidung mit schnabelartig in die Höhe ragenden Schuhspitzen bevorzugten.

Nach diesen modischen Seitensprüngen kehren wir wieder ins winterliche Klosterleben zurück. Während der endlos scheinenden Wintermonate wurden die Schlafenszeiten dank milder Einsicht des

Schwester Ermelindis strickt aus Schafwolle Wärmendes für den kalten Winter.

Abtes um ein weniges verlängert. Die Nächte waren finster, wenn nicht sogar pechschwarz, und es sei die vage Vermutung geäußert, daß man auch Kerzen sparen wollte. Ansonsten blieb alles beim Alten. Schon um die Mitte der Nacht mußte der widerspenstige Körper das erste Mal sich von Strohsack und rauher Decke erheben und zum Chorgestühl schleppen. Wer Hunger hatte, blieb hungrig. Die Gebetszeiten waren in der Ordensregel penibelst vorgeschrieben und vom Abt festgelegt. Sie wurden eisern durchgezogen.

Diejenigen, die im Skriptorium, der Klosterschreibstube, tätig waren, haben gewißlich auch nicht freudig dem Winter entgegengeblickt. In der eisigen Kälte mit klammen Fingern die Gänsefeder zu handhaben, muß den frommen Gedanken schon ein bißchen hinderlich gewesen sein. Und trotzdem entstanden wunderbare Bücher und Malereien von großer Schönheit. Auf Pergamentpapier, im Kloster erzeugt, mit Pflanzenfarben und Tinte aus Dornen wurden kunstvolle Werke geschaffen, die zu den großen Kulturgütern der Menschheit zählen. Und es waren auch Nonnen als Künstlerinnen tätig. Das weiß man daher, weil sie so selbstbewußt waren und sich selbst abgebildet haben. Viele der Nonnen im Mittelalter waren hochgebildet, konnten Latein und Griechisch, betätigten sich schriftstellerisch und medizinisch. Und es gab viele mutige Nonnen, die durchaus nicht in demütigem Gehorsam verharrten. Wissenschaft und Bildung waren ganz besonders in Frauenklöstern zu Hause. Sowohl die künstlerischen als auch die geistigen Tätigkeiten und speziell die Arbeit im Skriptorium erforderten Disziplin, Ausdauer und Konzentration. Neben dem Willen zum Verzicht, ja der Selbstentäußerung waren das Tugenden, die ein labiler Charakter schwerlich zu leisten imstande war.

Die Gewohnheit, schweigend zu lesen, verdanken wir den Mönchen des Mittelalters. In der Antike wurde immer laut gelesen. Da das Kloster ein Ort war, an dem Schweigen praktiziert werden mußte, wurden bei der Lektüre notgedrungen die Zeilen schweigend mit den Augen erfaßt. Von dieser Zeit an waren Sprechen und Lesen zwei voneinander getrennte Tätigkeiten. Bei Tisch wurde ebenfalls nicht gesprochen. Das Essen, die Mahlzeit nahm man in tiefstes Schweigen versunken ein. Allerdings bestimmte die Äbtissin oder der Abt eine Person, die während des Essens vorzulesen hatte. Äbtissinnen standen nicht nur Frauenklöstern vor.

Im Orden von Fontevraud im 12. Jahrhundert wurde die Zahl seiner Mitglieder, an deren Spitze eine Äbtissin stand, auf etwa fünftausend geschätzt. Ihr hatten auch die Mönche, die in den Orden eintraten, Gehorsam zu leisten und legten ihr Gelübde vor ihr ab.

Waren im Sommer die erholsamen Spaziergänge im Kreuzgang einer der wenigen Lichtblicke während der seltenen Mußestunden der Mönche, so fragt man sich, wie das wohl im eisigen Winter ausgesehen haben mag. Die Arbeit in der ständig mollig warmen Klosterküche erscheint da in einem rosig gefärbten Licht, nämlich in dem des Herdes! Vielleicht ist das auch der Grund, weshalb bis zum 12. Jahrhundert die Äbte, neben ihrer sonstigen Bürde und Last, auch Küchendienste verrichteten und das zweifelhafte Vergnügen hatten, den Ofen zu heizen. Wahrscheinlich tut man ihnen unrecht; sicher war es tiefste Bescheidenheit und Demut, die sie zu solchem Tun führte.

Der Winter scheint, wie sich zwischen den Zeilen über Klöster herauslesen läßt, die hohe Zeit des Kuchenbackens gewesen zu sein. Früchtekuchen mit seinem großen Anteil an Dörrobst, Rosinen, Mandeln und Nüssen, oder auch Gewürzkuchen

Scriptorium

Bruder Angelus schreibt ein Rezept.
Im Skriptorium, der Schreibstube, wurden Texte verfaßt und abgeschrieben.

waren außerordentlich nahrhaft. Heutzutage würde man sie als ausgesprochene Kalorienbomben bezeichnen! Oder was sonst ist von dem üppig ausgestatteten Rezept des »Bibelkuchens« zu halten? Das Pikante an diesem Rezept – es soll den Lesern nicht vorenthalten werden – sind seine in Psalmen der Bibel geheimnisvoll verwobenen Zutaten. Der Code kann geknackt werden, nimmt man die Bibel zu Hilfe. So verbirgt sich im Ersten Buch der Könige, Kapitel 5, Vers 2 die Zutat Mehl. Bei Jeremia, Kapitel 17, Vers 11 warten die Eier darauf, aufgeschlagen zu werden, und im Ersten Buch der Korinther Kapitel 3, Vers 2 entdeckt der eifrig Blätternde zu seinem Erstaunen und seiner Freude die Milch. Da kann auch der Honig nicht weit sein. Und siehe da: Im Buch der Richter, Kapitel 14, Vers 18 wird der Backfreund fündig. Alles werden wir nicht dechiffrieren, wir wollen die Lust am Aufspüren nicht zunichte machen.

Dörrobst im Duett mit Kräutern war im mittelalterlichen Kloster keineswegs etwas Ungewöhnliches. Mandeln, Feigen, Datteln, Ingwer, Safran und viele andere Köstlichkeiten fanden schon den Weg aus orientalischen Gefilden in die rauheren Gegenden von Europa, nicht zuletzt in die Klöster.

Schwester Walburga knetet mit großer Ausdauer den Teig. Brot gab es in vielen Sorten.

Bibelkuchen

Man nehme:
1,5 Tassen Deuteronomium (5. Buch Mose) 32, 14 a
6 Stück Jeremia 17, 11
2 Tassen Richter 14, 18 a
4,5 Tassen 1 Könige 5, 2
2 Tassen 1 Samuel 30, 12 a
$^3/_4$ Tasse 1 Korinther 3, 2
2 Tassen Nahum 3, 12
1 Tasse Numeri (4. Buch Mose) 17, 23 b
1 Prise Levitikus (3. Buch Mose) 2, 13
3–4 Teelöffel Jeremia 6, 20
3 Teelöffel Backpulver

Für dieses Rezept muß man die angegebenen Bibelstellen nachlesen. Wo etwas nicht eindeutig ist, ist es Aufgabe des Kochs, nach bestem Wissen und Gewissen zu entscheiden.

Man befolge den Spruch Salomons: Sprichwörter 23, 14 a.

Ein Tip: Ein Ein-Pfund-Glas Honig (das Volumen von zwei Tassen) braucht ein Päckchen Backpulver. Der Teig ist ziemlich flüssig. Backzeit: etwa 1 Stunde

Grundsätzlich gilt Matthäus 19, 12 d, und wenn es ans Essen geht, gilt Lukas 14, 12–14.

Christbrot

500 g Butter, 1100 g Mehl, 140 g geschälte Mandeln,
100 g Zucker, 15 g Zimt, 30 g Zitronat, 2 Eier,
2 Teelöffel Rosenwasser, Mehl fürs Blech, 2 Eigelb,
2 Eßlöffel Hagelzucker

Die Butter zerschleichen (flüssig werden) lassen. Mit den anderen Zutaten mischen, mit Rosenwasser besprengen, und zu einem Teig verarbeiten.

Den Teig fingerdick auswalken, in viereckige Stückchen schneiden oder mit Blechformen ausstechen.

Die Teile auf ein mit Mehl bestreutes Blech legen, mit Eigelb bestreichen und im Ofen bei 210 bis 220 Grad etwa 10 bis 15 Minuten backen.

Rausnehmen, ehe sie braun werden!

Mit Glasur verschönern und mit Streuzucker bestreuen.

Magenbrot

100 g Zucker, 2 Eier, 150 g Brösel von Kuchenresten,
etwas Zimt und Nelken, etwas Arrak und
Weißwein, 30 g geriebene Mandeln, 50 g Zitronat
und Orangeat, einige Datteln und Feigen, 30 g Mehl

Zucker und Eier schaumig rühren, langsam die übrigen Zutaten daruntermengen. Die Masse fingerdick ausrollen, auf ein Blech legen, langsam im Rohr backen, ausgekühlt in fingerbreite Schrägstreifen schneiden, in Schokoladenglasur tauchen.

Früchtelebkuchen

200 g Zucker, 5 Eiweiß, 125 g feingeriebene Mandeln,
30 g gemischte, geschnittene Trockenfrüchte,
feingewiegte Schale von 1/2 Zitrone,
10 g Kardamon, etwas Zimt und Nelken,
20 g grobgeschnittene Mandeln;
runde Oblaten, Arrakglasur

Zucker und Eiweiß sehr schaumig rühren, die übrigen Zutaten leicht untermengen. Die Masse auf runde Oblaten aufstreichen, einige Zeit trocknen lassen und bei mäßiger Hitze backen, mit Arrakglasur überziehen.

Aprikosenbusserl

160 g getrocknete Aprikosen, 4 Eiweiß,
130 g Zucker, 2 Päckchen Vanillezucker,
125 g geriebene Haselnüsse, ca. 35 runde Oblaten

Aprikosen klein würfeln. Eiweiß steifschlagen. Nach und nach Zucker und Vanillezucker hineinschlagen. Zum Schluß die Aprikosenwürfel und die geriebenen Haselnüsse unterheben.

Kleine Häufchen auf Oblaten setzen, dabei einen Rand frei lassen. Auf ein Blech setzen und bei 150 Grad in 1 Stunde fest werden lassen.

Kletzen- oder Hutzelbrot

2 kg Birnen, 2 kg Mehl, 1 Liter Wasser,
120 g Hefe, 1 Messerspitze Salz, 250 g Rosinen,
125 g gemahlene Mandeln, 250 g gehackte Nüsse
(z. B. Haselnüsse), 1 Pomeranze (Orange),
20 g Zitronat, 10 Datteln, kleingeschnitten,
15 Feigen, kleingeschnitten, je 1 Messerspitze
Nelken, Zimt, Pfeffer, 2–3 Teelöffel Gewürze
(z. B. Lebkuchengewürz), 1 Teelöffel Fenchelpulver

Zuerst müssen die Hutzel oder Birnen weich gekocht werden, dann müssen dieselben von Putzen (Gehäuse) und Stiel gereinigt und in vier oder sechs Teile geteilt werden, je nachdem wie groß die Birnen sind. Am Vorabend wird ein Vorteig (Hebel) vorbereitet. Man nimmt zu zwei Kilo Mehl einen Liter Wasser, einen Löffel Hefe und ein wenig Salz. Dieser Teig wird zuerst fein gearbeitet; ist er fertig, kommen die Birnen, Rosinen, Mandeln und Nüsse dazu. Außerdem eine Pomeranze, Zitronat, Datteln und Feigen, Nelken, Zimt und Pfeffer, zwei bis drei Löffel Gewürz und das Fenchelpulver.

Alles zusammen in den Teig arbeiten. Nicht mehr kneten! Dann werden Laibe geformt, in einem Tuch eingeschlagen und auf ein Brett gelegt. (Bevor man die Laibe macht, muß der Teig 1 Stunde Zeit haben zum Gehen; die Laibe müssen dann noch eine halbe Stunde gehen.) Bei milder Hitze, 160 Grad, 2 Stunden im Ofen backen. (Für 4 Brote)

Schwester Martha hat ein Auge auf die Vorräte.
Noch sind die Regale wohl gefüllt.

Ernährungsphysiologisch hatten zum Beispiel Feigen oder Datteln in der obstarmen Jahreszeit enorm viel zu bieten. Sie waren reich an Phosphor, Magnesium, Kalium, Calcium und Eisen. So ganz nebenbei regelten sie vorzüglich die Verdauung.

Vieles was wir heute, teilweise mit großer Überheblichkeit, wissenschaftlich untermauern können, war zu früheren Zeiten unbewußt bereits vorhanden, man tat instinktiv das Richtige. So bewegte sich die Klostergemeinschaft auch während der verschiedenen Jahreszyklen im Einklang und in Harmonie mit der kosmischen Zeit. Der Rhythmus in der Natur wird bestimmt von der Bahn der Gestirne und dem Ablauf der Jahreszeiten, in dem die verschiedenen Formen biologischen Wachstums eine periodische Wiederkehr erfahren. Im Kloster wußte man um diese Dinge und richtete sich mit Chorgesang, Meditation und allen anderen Tätigkeiten darauf aus. Die in den Klöstern lagernden und zur Schau gestellten Reliquienschreine, sowie die klösterliche Kunst und Kultur verstärkten den Eindruck von einem Zentrum der Mystik, in dem die kosmischen Fäden sich gebündelt haben. Die Strahlkraft der mittelalterlichen Klöster in Europa resultiert daraus. Die Überzeugung, daß Gott Licht sei, ist der

Schlüssel zu den gotischen Kathedralen, über deren Portalen die aus Stein gehauene und mit farbigem Glas gefüllte Fensterrosette leuchtet. Licht, Flammen, Feuer – das sah in vielfältiger Farbigkeit auch die heilige Hildegard von Bingen in ihren zahlreichen Visionen, die so einen Hauch poetischer Kosmologie in sich nicht verleugnen können.

Daß Pflanzen und ihre Symbolik eng mit der Kathedralkunst verwoben waren, davon war schon die Rede. Doch ebenso wurde der sogenannten unbelebten Materie, den Edelsteinen und Gemmen, in der sakralen Kunst ein Denkmal gesetzt. Gemmen in unglaublich schimmernder Farbigkeit schmückten Reliquien, Edelsteine zierten die Gewänder hoher kirchlicher Würdenträger und das keineswegs allein der Eitelkeit und des Prunkes wegen, sondern weil man an den Zauber und die Kraft der Steine als Ausdruck himmlischer Allgegenwart glaubte. Lediglich Bernhard von Clairvaux, der dem Zisterzienserorden zum Erfolg verhalf, wollte weder Edelsteine noch Malereien noch sonstigen Zierat. Mit dieser asketischen Verneinung allen Gepränges lag er mit den Cluniazensern, die schmückender Pracht keineswegs abhold waren, Zeit seines Lebens im Clinch. Bernhard war vielmehr der Ansicht, daß der

Allmächtige sich in Länge, Breite, Höhe und Tiefe, also in mathematischen und geometrischen Dimensionen manifestiert.

Und auch in diesem kleinen »Brevier« schließt sich mit der zu Ende gehenden winterlichen Jahreszeit ein Kreis. Ein neuer Zyklus wird beginnen, nach einer Ruhepause holt die Natur tief Atem, um erneut Leben hervorzubringen, um Farben, Düfte, Licht und Wärme zu erzeugen und uns Menschen liebevoll als Geschenk darzubieten – nicht zuletzt auch als Nahrung.

Literaturverzeichnis

Behling, Lottlisa: Die Pflanzenwelt der mittelalterlichen Kathedralen. Köln: Böhlau, 1964.

Bühler, Johannes: Klosterleben im Mittelalter. Herausgegeben von Georg A. Narciß. Frankfurt a. M.: Insel, 1989.

Domke, Helmut: Burgund. München: Prestel, 8. Auflage 1990.

Duby, Georges: Die Zeit der Kathedralen. Frankfurt a. M.: Suhrkamp, 2. Auflage 1984.

––: Der heilige Bernhard und die Kunst der Zisterzienser. Frankfurt a. M.: Fischer, 1991.

Goetz, Hans Werner: Leben im Mittelalter. München: C. H. Beck, 5. Auflage 1994.

Hildegard von Bingen: Naturkunde. Übersetzt und erläutert von Peter Riethe. Salzburg: Otto Müller, 1959.

Holzberger, Rudi/Kessler, Helga: Klosterküche. Zwischen Feiern und Fasten. München: Mosaik, 1991.

Die Klosterküche von Wörishofen. Bad Wörishofen: Selbstverlag des Klosters, o. J.

Pernoud, Régine: Leben der Frauen im Hochmittelalter. Pfaffenweiler: Centaurus, 1991.

Roth, Hermann Josef: Schöne alte Klostergärten. Würzburg: Stürtz, o. J.

Silvestris, Bernardus: Über die allumfassende Einheit der Welt. Band 1, übersetzt und eingeleitet von Wilhelm Rath. Stuttgart: J. Ch. Mellinger, 2. Auflage 1989.

Stoffler, Hans-Dieter: Der Hortulus des Walahfrid Strabo. Sigmaringen: Thorbecke, 1985.